U0907754

全球化语境下社会化媒体对国家文化安全的影响

——基于境外媒体新浪微博账户的研究

信莉丽　著

山东人民出版社·济南
国家一级出版社　全国百佳图书出版单位

图书在版编目（CIP）数据

全球化语境下社会化媒体对国家文化安全的影响：基于境外媒体新浪微博账户的研究 / 信莉丽著. -- 济南：山东人民出版社，2018.4
ISBN 978-7-209-10940-6

Ⅰ. ①全… Ⅱ. ①信… Ⅲ. ①媒体－影响－文化－国家安全－研究－中国 Ⅳ. ①G12

中国版本图书馆CIP数据核字(2017)第160694号

全球化语境下社会化媒体对国家文化安全的影响
QUANQIUHUA YUJING XIA SHEHUIHUA MEITI DUI GUOJIA WENHUA ANQUAN DE YINGXIANG
——基于境外媒体新浪微博账户的研究
信莉丽　著

主管部门　山东出版传媒股份有限公司
出版发行　山东人民出版社
社　　址　济南市英雄山路165号
邮　　编　250002
电　　话　总编室（0531）82098914
　　　　　市场部（0531）82098027
网　　址　http://www.sd-book.com.cn
印　　装　山东省东营市新华印刷厂
经　　销　新华书店

规　　格　16开（169mm×239mm）
印　　张　12.5
字　　数　190千字
版　　次　2018年4月第1版
印　　次　2018年4月第1次
印　　数　1—1000
ISBN 978-7-209-10940-6
定　　价　36.00元

目　录

CONTENTS

第一章

绪　论

第一节　研究背景、目的与意义

一、研究背景

1991年苏联解体，标志着持续45年之久的冷战结束。可是，冷战的结束并未终结意识形态领域的文化战争，信息传播的文化力量仍具有左右国际舆论的功能。在一超多强的世界政治格局中，西方媒体依然是全球最主流的声音。中国作为苏联解体后全球最大的社会主义国家，在越来越多的国际事务中发挥着举足轻重的作用，“中国模式”也得到不少国家的肯定，中国自然而然地成为众多境外媒体关注和报道的重点对象。然而，中国所处的国际舆论环境却并未因此而改变，境外媒体通过大量的通讯稿、评论、纪录片和影视剧等文化形态构建出“中国威胁论”“中国崩溃论”和“黄祸论”等负面言论，影响着其他国家对中国文化和中国形象的正确认知。

从传统媒体时代到新媒体时代，全球化程度不断加深，媒介形态日益多元化。在全球化语境下出现的社会化媒体迅速风靡全球，成为世界各国信息用户获取信息、文化娱乐和认知社会的主要渠道，而社会化媒体的快速发展又进一步造成了全球信息传播秩序的不平衡。西方国家在技术、资本和话语权等方面占有绝对优势，西强我弱的传播格局仍然存在，甚至有愈演愈烈的趋势。在各种文化元素快速交换的全球化语境下，异质文化符号充斥于我国的社会化媒体领域，欧美和日韩国家的文化信息成为我国社会化媒体追逐的对象。中国网民媒介消费行为的改变为异质文化信息在中国的传播开辟了新渠道，也使他国的文化渗透行为更加隐蔽。

从近年来与社会化媒体有关的国际事件中可以看出，社会化媒体不只是一种信息传播工具，还可能是诱发社会变革的政治、经济和文化力量。在2010年的“阿拉伯之春”中，约4500万的阿拉伯用户使用Facebook检索信息并参与讨论，约200万阿拉伯地区的用户使用Twitter关注事件的进展。[①] 在2011年“英国伦敦骚乱”事件后，时任英国首相的卡梅伦明确表示：“所有看到这些可怕行为的人将会为他们如何利用社交网络而吃惊。”[②] 在同年美国发生的“占领华尔街”事件中，抗议者利用社会化媒体向全球用户直播抗议实况，使“占领华尔街”的信息数量在短短两天内呈爆炸式增长，快速演变为国际社会关注的热点事件。如今，社会化媒体甚至成为恐怖分子传播思想的工具。ISIS（伊斯兰国）利用社会化媒体进行信息鼓吹，通过歪曲穆斯林文化扩大全球影响，吸引了世界各种文化背景的追随者，推动恐怖主义的全球传播。各国政要已经关注到社会化媒体在国际大事件中体现出的传播力和影响力，并纷纷表达自己对社会化媒体的看法和态度。土耳其总理埃尔多安认为社会化媒体中弥漫着谎言，“现在有个威胁叫作推特，那里不乏谎言。对我来说，社交媒体是我们社会的最大威胁”[③]。时任澳大利亚总理的阿博特呼吁世界各国加强联系，防止ISIS利用社会化媒体在全球招募新成员。[④] 从“阿拉伯之春”“英国伦敦骚乱”到“占领华尔街”等重大国际事件中可以看出，社会化媒体对时空屏障的消解，模糊了国内事件和国际事件的界限。

---

① 信息来源：Dubai School of Government 2012 into-graph design: Al Arablya English。

②《英国政府考虑骚乱时关闭社交网站并禁止发送手机短信》，2011年8月12日，http://news.xinhuanet.com/world/2011-08/12/c_121851630.htm。

③《土耳其总理猛批社交媒体推特　媒体分析比阿拉伯之春更复杂》，2013年6月15日，http://www.guancha.cn/europe/2013_06_05_149321.shtml。

④《澳总理：IS暴露全球野心　应防其用社交媒体征兵》，2015年6月11日，http://news.xinhuanet.com/world/2015-06/11/c_127905289.htm。

少数人设置的社会化媒体议题在政治、经济、文化和社会等宏观因素的共同作用下，能够在极短的时间内成为虚拟场域和现实社会中的热点问题，用户讨论中产生出的群体极化情绪能够在虚拟空间和现实社会两个层面对国家发展产生影响。社会化媒体在一连串的国际重大突发事件中凸显出的文化功能使我们不得不意识到社会化媒体为国家发展带来的政治、文化和社会风险。在社会化媒体广泛应用的今天，我们必须意识到社会化媒体的社会动员功能，以及社会动员背后体现出的文化传播机制，并重视由社会化媒体引发的国家文化安全问题。

进入新世纪后，中国仍是境外媒体报道的重点对象，并且成为境外媒体全球发展战略的重要市场之一。境外媒体试图以多种方式进入中国信息市场，对中国用户传播其本国文化。社会化媒体的广泛应用削弱了文化传播的时空屏障，为境外媒体进入中国市场提供了契机。跨国媒体集团的中国社会化媒体账户直接向中国用户推销境外的信息和观点，构建出异质文化的幻象，提升境外媒体品牌在中国市场的受众粘性，为本国带来文化利益和经济效益。在媒介生态环境变迁的现实环境下，社会化媒体作为境外国家话语生产和文化传播的新要道，连接了全球范围的用户，模糊了全球风险与区域风险之间的界限，异质文化内容的传播能够在多个层面上对中国用户的价值观念、文化行为、语言习惯和生活方式产生深刻的影响。因此，在全球化语境下探讨社会化媒体对国家文化安全的影响是当下我们亟需正视的现实问题。

二、研究目的与研究意义

（一）研究目的

20 世纪 70 年代后，全球化对人类生活的方方面面产生了不可忽视的影响。全球化在促进各国经济合作的同时，也不断深化了发展中国家在技术和资本上对发达国家的依附程度。在传播媒介的作用下，发达国家的国家文化以文化产品的物质形态在全球范围内快速流动，逐渐成为发展中国家受众了解西方文化图景的首要渠道。在全球化语境下，发展中国家既面临着自身文化发展的瓶颈，又面临着来自西方国家文化输出的挑战。社会化媒体的出现使信息的全球分享成为可能，时空不再是制约信息传播的首要问题。尽管社会化媒体赋予了发展中国家传播本国文化的信息权力，但是西方国家在全球社会化媒体场域中的话语优势仍然是不争的事实，全球信息的传播环境更加复杂多变，发展中国家依然需要思考如何维护国家文化安全的问题。本研究通过分析中国社会化媒体新浪微博中的境外媒体新浪微博账户，试图来解答如下问题：

1. 社会化媒体的快速发展与全球化之间存在何种内在联系？

2. 境外媒体的新浪微博账户在文字和图片的生产中，以何种方式来提升异质文化对中国用户的文化吸引力？

3. 境外媒体如何通过社会化媒体账户的信息生产对我国国家文化安全产生影响？

（二）研究意义

新自由主义在反对国家对宏观经济干预的同时，认为超级大国在全球化过程中应占有领导地位。新马克思主义学者沃勒斯坦在世界体系理论中指出，作为完整体系的世界存在着“中心—半边缘—边缘”的发展结构。这种结构描绘出当今超级大国作为世界的中心在政治、经济和文化等方面的种种优势。文化作为人类物质文明和精神文明的总和，在大国竞争中具有重要的战略意义。冷战结束后，话语霸权和文化渗透愈演愈烈。以美国为首的中心国家凭借全球化带来的便利条件，在文化要素的多次分配中对半边缘和边缘国家进行隐蔽的文化渗透活动。在全球文化流动的过程中，文化霸权与文化抗争的二分法仍然存在，中心国家通过向其他国家输出文化产品以维系自身的文化霸权地位，而商品性文化产品的全球传播是中心大国对半边缘和边缘国家实施影响和干预的隐性手段。正因如此，有些学者甚至认为，文化全球化实际上是美国文化的全球化。全球化为半边缘和边缘国家带来发展机遇的同时，不可避免地增加了这些国家的文化风险。

社会化媒体的出现塑造了全球信息传播格局的新景观。如今，看一个视频、发一条微博、上新闻客户端或微信聊天，成为我国城市中随处可见的生活场景。文化的全球传播必须借力于具有全球性的传播媒介才能得以实现。

在人类的传播史中，传播媒介的创新与社会变革紧密相连，从口头传播、文字传播、印刷传播、电子传播到今天的社会化媒体传播，技术变迁缩小了全球用户之间的物理距离，扩大了网络的虚拟空间，使全球重新回归“地球村”般的部落化状态。2014 年，Facebook 公布的数据显示，全球社会化媒体月活跃用户人数逾 20 亿，社会化媒体已成为全球信息用户最为密集的传播媒介之一。传播技术的发展打破了传统媒体话语权的垄断常态，社会化媒体用户在传递思想、表达自我和引导舆论等使用环节中营造出信息权力平等的幻象，看似为半边缘和边缘国家进入国际话语体系带来可能。然而，在信息传播平等的幻象背后，以美国为首的中心国家控制着全球绝大多数的信息流，占据着绝对的话语优势。社会化媒体不但没有削弱这些国家文化信息的优势，反而拓宽了其传播渠道，构建出集传统媒体和新媒体于一体的整合式多媒体传播体系。

但“全球化是一把双刃剑，全球化既是加快经济增长速度、传播新技术和提高富国和穷国生活水平的有效途径，但也是一个侵犯国家主权、侵蚀当地文化和传统、威胁经济和社会稳定的有很大争议的过程”[①]。我国国家安全法于 2015 年 4 月增加了“抵御不良文化渗透”“建设国家网络与信息安全保障体系，提升网络与信息安全保护能力”和“维护国家网络空间主权”的相关法律法规。国家文化是一个国家赖以生存的精神资本，既影响着国民的日常行为和生活方式，又是社会化媒体信息生产的社会资料。异质文化与国家文化的碰撞与融合既能为国家文化提供发展动力，又能够破坏国家文化的精神内核。社会化媒体的信息传播优势和为国家安全带来的风险在已经发生的案例中体现得淋漓尽致。在全球化语境下，社会化媒体重塑着社会、国家、民族和个体间的多种关系，而文化的传播是连接这四者之间的必要条件。社会化媒体成为中心国家制造文化共识的新场域，文化竞争已从传统媒体场域转移到社会化媒体场域。半边缘和边缘国家需要认识到社会化媒体已不仅仅是一种信息传播工具，更应注意到社会化媒体信息生产中体现出的文化功

①〔美〕罗伯特·塞缪尔逊：《全球化的利弊》，《国际先驱论坛报》2000 年 1 月 4 日。

能和在全球化语境下应对社会化媒体异质文化渗透的现实必要性。

从我国社会化媒体的发展现状看，社会化媒体对现代人日常生活的影响程度与日俱增。社会化媒体既可以是传统媒体的延伸，又可以是独具个性的新兴媒体。近年来，最具代表性的中国社会化媒体——新浪微博成为境外媒体实施中国本土化发展战略的重要媒介。境外媒体的新浪微博账户通过提供新闻资讯、娱乐信息或组织线上活动等方式为中国用户消费异质文化产品提供便利。异质文化信息在新浪微博中的传播是境外国家进行文化渗透的方式，而本国用户对异质文化的追逐或依赖则是诱发国家文化安全的根本动因。在全球化语境下，以境外媒体新浪微博账户为切入点，探究社会化媒体和国家文化安全之间的内在联系，观察其他国家文化在社会化媒体信息传播过程中对我国国家文化的影响，显得更具理论意义和现实意义。

目前，社会化媒体的研究成果相当丰富，研究向度多集中在社会化媒体使用产生的社会影响，较少地关注社会化媒体的文化影响。社会化媒体对国家文化安全影响的研究成果不多，且研究向度较为单一。本书试图在全球化语境下，以新浪微博为案例，分析社会化媒体对我国国家文化安全产生影响的方式和效果，以期丰富我国国际传播研究领域的研究成果。

第二节　文献综述

一、全球化和全球化语境研究的多种向度

全球化改变了我们认识问题的方式，也改变了受众文化体验的形态。正如康帕涅拉认为的那样，“全球化不是一种具体明确的现象。它是在特定的条件下思考问题的方式”[①]。一些学者对全球化持积极态度，认为全球化有助于受众直接消费异域文化的文化产品，生活方式变得丰富多彩。事实上，

①〔意〕康帕涅拉著，梁光严译：《全球化：过程和解释》，《国外社会科学》1992年第7期。

经济和技术上的优势扩大了南北经济和文化发展的不平衡。在全球的公共事务中，发达国家仍然把握着国际话语权和文化产品输出的主动权。全球化对民族国家、社会和个人的发展都产生着深远的影响，是一个需要从多维视角去解读的学术概念。

在早期的学术思想中，一些学者就已意识到全球化对人类传播活动产生的影响。1967 年，麦克卢汉在《理解媒介：人的延伸》中用“地球村”来描述地球因媒介而重新部落化的情境。布热津斯基在《两代人之间的美国》中提出了“全球化”[①]，认为“全球城市”比麦克卢汉提出的“地球村”更适合用来描述分散网络间的依存关系，并认识到科技革命产生的全球性的影响。20 世纪 70 年代后期，石油危机导致新自由主义成为西方国家经济发展的指导思想。新自由主义的核心思想认为政府应减轻对传播市场和商业行为的管制，应最大限度地支撑社会的商业行为，使跨国公司能够产生更多的商业利润。在新自由主义思想的刺激下，跨国公司成为全球化中重要的行为主体，维系着各国政治、文化和社会等层面的联系。冷战结束后，全球化程度的深化促进了全球意识的崛起，各国之间的互动交流愈发频繁。由全球化引发的现实问题引起了各学科的普遍关注。在经济全球化研究的理论基础上，学术界在全球化语境下考察了更多的现实问题，开始反思全球化对政治、社会、文化或个人产生的切实影响。吉登斯认为全球化是现代性的必然结果，也是诱发全球风险的内在动因。它打破时空限制的传播媒介扩大了全球化在传播活动中的影响。全球化是指“某个场所发生的事物受到遥远地方发生的事物的制约和影响，或者反过来，某个场所发生的事物对遥远地方发生的事物具有指向意义；以此种关系将远隔地区相互连结，并在全世界范围内不断加强这种关系的过程”[②]。时至今日，全球化仍未形成约定俗成的定义，但全球化带来的真实影响却使其成为人文社科研究的重要语境。整体来看，国内外对全球化或全球化语境的研究大致可分为以下三类：

① Zbigniew Brzezinski, *Between Two Ages——America's Role in the Technetronic Era*, (New York: The Viking Press,1970), pp.13.

② 郭庆光：《传播学教程》，中国人民大学出版社，1999，第 242 页。

第一类研究从经济学研究的视角出发，认为在全球化语境下，生产要素的全球分配强化了各国之间的经济交往协作，拓宽了各国之间的合作领域。麦克格里认为全球化“组成当代世界体系的国家与社会之间的联系和相互沟通的多样化”[①]。吉登斯认为全球化是一种链式结构，涵盖了“从制造产品所需的原材料，一直到其最终的消费者”[②]的全过程。这类研究论述了全球化在社会的经济分工模式、跨国资本的全球流动和生产要素全球再分配等方面的影响，认为经济全球化是生产力发展的必然结果，也是当代全球经济活动的典型特征。不可否认的是，经济全球化加强了民族国家间的经济合作关系，为发展中国家参与世界经济活动提供了机遇，但也强化了发达国家在全球经济中的地位和优势，拉大了二者在政治、经济、文化和社会发展等方面的差距。

第二类研究从文化研究的视角出发，认识到文化是全球化时代民族国家参与综合国力竞争的重要战略资源。在全球化语境下，文化对民族国家的重要性不言而喻，文化资源作为软实力的构成元素，是世界各国竞相保护和挖掘的经济资本。20世纪90年代，亨廷顿的“文明冲突论”认为国家冲突将会体现为文化和价值观念的冲突。“在这个新的世界里，最普遍的、重要的和危险的冲突不是社会阶级之间、富人和穷人之间，或其他以经济来划分的集团之间的冲突，而是属于不同文化实体的人民之间的冲突。”[③]罗兰·罗伯森从文化同质性和异质性的视角对全球化时代的文化特征作了如下解读：“全球资本主义既促进文化同质性，又促进文化异质性，而且受到文化同质性制约，又受到文化异质性的制约。”[④]在全球化构成的整体集合中，各民族国家文化或文明的交流、碰撞和融合是国家文化发展的典型特征。各文化中的普遍因素为全球化奠定了文化交换基础，文化的个性也维护了世界文化多样性的特

---

① Anthony G. McGrew and Paul G. Lewis, *Global Politics: Globalization and the Nation-state*, (Cambridge: polity press, 1992), pp.5.

②〔英〕安东尼·吉登斯：《社会学》（第5版），李康译，北京大学出版社，2009，第45页。

③〔美〕塞缪尔·亨廷顿：《文明的冲突与世界秩序的重建》，周琪等译，新华出版社，2010，第7页。

④〔美〕罗兰·罗伯森：《全球化——社会理论和全球文化》，梁光严译，上海人民出版社，2000，第249页。

点，全球中心国家对其他国家的文化影响作为一种现实性的存在，也引起了其他学者的思考。詹明信认为，世界文化的标准化是界定全球化的核心，“也就是通过驱逐或打击当地流行或传统形式的文化为美国电视、美国音乐、食物、衣服和电影腾出空间，这一过程已经被许多人视为全球化的核心所在”①。消费主义意识形态的全球化是文化全球化的表征，全球用户在文化产品的购买与消费过程中刺激了文化全球化的发展。此外，经济全球化还推动了文化的产业化发展，图书、电影、电视剧和音乐等文化形态以商品的形式参与全球经济价值的生产，并为其国家带来文化利益和经济效益。尽管在“文化多元主义”“文化霸权主义”“文化帝国主义”“欧洲中心主义”或“西方中心主义”等论述中，国外学者普遍认为文化在全球化时代应以多样性的形态存在，而不应呈现出文化同质化的发展态势，但世界中心国家对他国的文化影响仍是不争的事实。他们认识到经济全球化中各国经济发展不平衡造成了全球化语境下信息传播秩序的不平等，并探讨了文化和媒介全球化对发展中国家的影响。汤林森在《文化帝国主义》中论述了西方发达国家通过文化产品和传播媒介对第三世界国家产生的文化影响。② 全球化语境下信息的快速流动掩盖了全球信息传播秩序不平等的现实。跨国媒体集团的发展及媒介文化产品的生产、传播、消费引起了一系列的现实问题。赵月枝和罗伯特·A. 汉凯特指出：“信息商品化及其对以下诸方面的消极影响：公众对信息的普遍接触、媒体满足教育和发展需要的能力、大众对传播的实质性广泛参与、广告大力推销消费主义生活方式条件下的文化保护问题。”③ 在经济全球化研究的基础上，全球化对国家、文化、媒介和个人的影响等方面开始受到重视。对全球化语境的认识不再囿于某一特定的研究领域，呈现出学科交叉的多元发展趋势。亨廷顿的“文明冲突论”标志着文化在全球化中的战略地位开始受到各国的重视，我国学者尤为重视文化在国家发展中的作用和影响，如《全球化

① Fredric Jameson, “Globalization and Political strategy,” *New Left Review*, (2000):49–68.

②〔英〕汤林森：《文化帝国主义》，冯建三译，上海人民出版社，1999，第5页。

③ 赵月枝、罗伯特·A. 汉凯特、朱怡岚等：《媒体全球化与民主化：悖论、矛盾与问题》，《新闻与传播评论》2004年第10期。

时代的国际传播策略》《全球化背景下的文化渗透与冲突——媒介“软权力”支撑的“全球传播”问题探讨》《试论全球化背景下中国软实力的构建》和《全球化进程中的软权力与中国大众文化传播》等文章分别在全球化背景下探讨了国家文化软实力构建、文化产业发展战略以及中华文化“走出去”等问题，为我国在全球化时代的文化发展提出了建议和策略。

第三类研究在全球化语境下考察了信息技术革命对全球信息传播活动的影响。众多学者对媒介全球化这一现象各自作了阐释和分析，程曼丽认为信息全球化与大众传媒的发展密切相关，如“传播屏障的消除，信息的自由流动；传播媒体的跨地区、跨国界经营；传播手段的高度现代化和各国政府对信息控制的减少”①。信息技术革命使信息跨越空间的实时分享成为可能，信息全球化对经济、文化、政治和社会等层面的影响不可小觑。互联网技术的快速发展使信息全球化程度进一步加深，信息全球传播对国家的文化影响成为国内学者关注的热点，如《信息全球化对文化安全的挑战与我国的战略应变》②《信息全球化过程中的文化冲突与协调》③等。传播全球化是探讨信息全球化的另一种表述。阿芒·马特拉认为“信息高速公路”时代更是绘制了一张不平等的地图。④杨瑞明也认为在传播全球化过程中，“我们面临的现实却是：信息资源全球化流通的不平衡和信息资源全球化共享的不平等；传播全球化的伸展依然难以跨越文化的鸿沟，驶上‘信息高速公路’的跨文化传播并非畅通无阻”⑤。曼纽尔·卡斯特认为传播处于公共空间中的核心地位，技术变革改变了信息传播的方式，而这些变革都是在全球化的时代背景下发生的。⑥这些论述认为技术的发展推动了全球化的发展，技术和资本

① 程曼丽：《信息全球化时代的国际传播》，《国际新闻界》2000年第4期。

② 李阵、柏桦：《信息全球化对文化安全的挑战与我国的战略应变》，《未来与发展》2007年第2期。

③ 欧阳翠凤：《信息全球化过程中的文化冲突与协调》，《江西社会科学》2005年第9期。

④〔法〕阿芒·马特拉著，陈卫星译：《传播全球化思想的由来》，《国际新闻界》2000年第4期。

⑤ 杨瑞明：《传播全球化——西方资本大规模的跨国运动》，《国际新闻界》2001年第2期。

⑥〔美〕曼纽尔·卡斯特：《我们究竟怎样理解全球化——美国著名社会学家曼纽尔·卡斯特教授在本报与上海学者的座谈》，《文汇报》2004年11月29日。

进一步强化全球化时代信息传播不平等的格局，各国之间仍然存在着不可逾越的信息鸿沟。杨瑞明从传播全球化的视角出发，对传播全球化的概念作出了如下界定，即“传播全球化是指人们在相互依存与相互制约的社会空间，进行超越时空限制的信息传递和信息共享活动的过程与趋向”[①]。他认为，传播全球化与媒介、经济、文化和政治之间相互作用，彼此促进。

新世纪以来，全球化作为文化研究、新闻传播研究以及国际政治研究领域中的时代语境而存在，被认为是社会科学研究的话语前提。近年来，国内外学术界在经济全球化研究的基础上，对全球化和全球化语境的认识出现了三个较为新颖的研究视角。

第一，在全球化语境下，考察民族主义对国家发展的影响。《全球化背景下的民族主义问题初探》一文指出：“全球的经济行为对世界政治体系产生了根本性的影响，全球经济行为的增长和扩展在某种程度上跨越了政治上以民族国家为主体的国家和地区的边界。也就是说，以全球性的生产和国际化的金融市场为核心的世界经济的发展超越了自资本来到世间后所形成的民族国家政治体制的制约。这一事实就导致了全球化同民族主义之间的矛盾。”[②]经济资本的全球化竞争与民族主义之间的矛盾是民族国家在社会发展过程中必须面对的现实问题。同时，全球化进程又“是对传统的国际关系，对国家主权及其他权利，对以国界标示人群活动区别的规则的一种深入持久的挑战”[③]，处理好全球化中民族主义的内在和外在矛盾才能推进民族国家的和平发展。正如阿里夫·德里克认为的那样，全球化是资本主义现代性制造出的改造世界的幻象，是通过霸权来实现资本主义全球性政治经济利益的一种可能。[④]西方发达国家主导了全球化时代的国际政治经济格局，南北经济发展的不平衡导致了发展中国家与发达国家之间的矛盾，激化了后冷战时期的

① 杨瑞明：《空间与关系的转换：在多维话语中理解“传播全球化”》，《新闻与传播研究》2014 年第 12 期。

② 刘靖华：《全球化背景下的民族主义问题初探》，《现代国际关系》2001 年第 8 期。

③ 王逸舟：《当代国际政治析论》，上海人民出版社，1995，第 5 页。

④〔美〕阿里夫·德里克著，王春梅、王怡福译：《全球主义与地域政治》，《马克思主义与现实》1998 年第 5 期。

民族主义复兴。经济全球化促进了文化和信息的全球传播，也使民族主义的传播更为便捷。对民族国家而言，如果民族主义问题处理不当就会威胁到国家的和平与稳定，造成国家分裂、民族分裂或国家内乱等问题。在认识到经济对民族国家发展影响的同时，这些学者也意识到民族主义对国家发展的影响。全球化语境下的民族主义对国家发展的影响依然是全球化研究中必须正视的学术命题。

第二，在全球化语境下，对意识形态的问题展开了探讨。新技术范式下的意识形态文化安全成为全球化语境下学术研究的新向度。一些学者认为在全球化语境下，对意识形态问题的研究应建立在经济全球化的基础上，经济行为本身即是意识形态的体现。意识形态在解决全球事务，促进全球可持续发展等问题中具有积极作用。另一些学者认为，全球化语境下意识形态是西方资本主义推行霸权主义的一种软性方式，主要目的是强化发展中国家对西方发达国家的依附性。吉登斯指出，全球化“使在场和缺场纠缠在一起，让远距离的社会事件和社会关系与地方性场景交织在一起”[①]。全球化构建了意识形态互动的跨国场域，使西方国家在世界经济中的优势地位延伸到意识形态领域。在经济全球化、文化全球化、信息全球化和传播全球化的共同作用下，民族国家的意识形态既能影响他国意识形态，又存在受到他国意识形态威胁的风险。陈安国概括了全球化意识形态的特征和影响，认为全球化意识形态是一种基于西方资本主义社会经济利益的意识形态，用解决全球可持续发展问题的表象来掩盖西方国家在全球推行霸权主义思想的实质，造成了世界范围的贫富差距，使发展中国家进一步被边缘化。西方文化伴随着经济全球化传播到发展中国家。文化和意识形态两者相辅相成，作为意识形态的基础，文化在传播过程中影响着发展中国家人民的思维方式和价值观念。[②]沈湘平认为，全球意识形态“通过话语霸权和网络技术‘于无声处’推广其

①〔英〕安东尼·吉登斯：《现代性与自我认同》，赵旭东等译，生活·读书·新知三联书店，1998，第23页。

② 陈安国：《论“全球化”意识形态的陷阱》，《社会科学》2000年第10期。

文化和生活方式，这也是全球化时代资本主义意识形态的隐蔽新特点”[①]。全球化刺激了消费主义的全球传播，为西方文化产品的海外输出提供了市场，发达国家利用网络技术向第三世界国家输出文化产品，先进的文化生产力提升了其文化产品在全球文化市场中的受欢迎程度，在影响第三世界国家受众的思维模式和行为方式下，消解这些国家的本土意识形态，实现对第三世界国家的文化和意识形态的影响，为西方发达国家生产更多的经济资本和国家利益。我国的全球化意识形态研究普遍认为全球信息革命和互联网发展扩大了西方发达国家在全球化意识形态传播中的国际影响，削弱了发展中国家自身的意识形态，一些国家甚至被迫放弃自身的传统意识形态。

第三，在全球化语境下，思考国家文化安全的问题。这些研究分析了全球化语境下国家文化安全的重要性和复杂性。中国社会科学院国家文化安全与意识形态建设研究中心主任侯惠勤在接受《法制日报》记者采访时说：“现在在总体国家安全观下的文化安全观，首先应该是政治文化，实际上是主流文化意识形态的建设；第二是产业文化的安全，主要关系到经济发展对制度建设的促进作用，产业文化发展不能消解社会主义基本经济制度；第三是消费文化的安全，关系到社会主义的良好风俗和风尚的形成、文化习惯的形成，还包括很好的文化生活方式的培养；最后一个是学术文化的安全。”[②]1999年发表的《全球化对国家安全观的影响》[③]和《经济全球化与国家安全简论》[④]两篇论文中都曾提到，全球化进程改变了世界形势，对民族国家的传统国家安全观提出了新的要求，国家安全的内涵和外延都发生了较大的改变。传统国家安全观开始向综合安全观发展，维护国家安全成为全球化时代每个民族国家都亟需思考的现实问题。在非传统国家文化安全观的众多因素中，文化

① 沈湘平：《全球化的意识形态陷阱》，《现代哲学》1999 年第 2 期。

②《法制日报》，2014 年 4 月 23 日，http://theory.people.com.cn/n/2014/0423/c40531-24933356.html。

③ 冉飞：《全球化对国家安全观的影响》，《贵州教育学院学报》（社会科学版）1999 年第 1 期。

④ 胡联合、胡铭：《经济全球化与国家安全简论》，《华中理工大学学报》（社会科学版）1999 年第 2 期。

安全对国家的稳定发展至关重要。《经济全球化与中国的文化安全》[①]《全球化进程中我国文化安全的现状与对策》[②]和《文化全球化与中国国家文化安全》[③]等文都认为，以美国为首的西方国家借助媒介或无政府组织等手段对我国进行文化渗透，传播西方的生活方式、意识形态和价值观念，试图在我国构建西方文明“想象的共同体”，削弱了我国民众的国家文化认同，从而对我国的国家文化产生影响，最终服务于西方国家的国家利益。马里奥·瓦尔戈斯·略萨认为，“国家边界的消失以及经由市场相互联系的世界的建立，将对地区文化和民族文化，对传统、风俗、神话以及更多决定各国或各地区文化认同的东西构成致命一击”，“新帝国主义文化除了以其资本、军事力量和科学知识进行全球统治外，也将会把其语言以及思考、信仰、消遣和梦想方式强加给其他民族”[④]。优先掌握传播技术优势的西方发达国家，借力于发达的媒介传播系统，尤其是新媒体传播技术，加快了信息、文化和商业品牌在全球化时代的传播速度，使西方文化和意识形态对发展中国家产生影响。

以上研究从不同的视角探析了在全球化或全球化语境下，经济、文化、意识形态、民族主义、信息传播活动和国家文化安全受到的种种影响。对全球化的研究从早期的经济全球化发展到文化全球化、政治全球化、意识形态全球化和信息传播全球化等研究向度，呈现出从一元到多元，从局部到整体的研究态势。全球化是可以从多种理论视角来解读的复杂概念，对全球化的理解具有不可分割的内在联系。汤林森认为，全球化指涉的是全球各个社会、文化、体制以及个人之间，产生复杂交互关联的发展过程。“在一定时间内将距离——物理上的或再现上的——做了极大的缩减，在特定的意义上，使得世界缩小了，人与人之间的距离也拉近了。但是它同时也

① 沙飞：《经济全球化与中国的文化安全》，《特区经济》2007 年第 11 期。

② 李金齐：《全球化进程中我国文化安全的现状与对策》，《天府新论》2005 年第 1 期。

③ 沈洪波：《文化全球化与中国国家文化安全》，《山东大学学报》（哲学社会科学版）2004 年第 12 期。

④〔法〕马里奥·瓦尔戈斯·略萨著，于海青编译，许宝友校：《全球化、民族主义与文化认同》，《当代世界与社会主义》2002 年第 4 期。

是一个社会关系的‘伸展’的过程，那些主导我们日常生活的地方性脉络，移动到全球的层次。”[①] 生产力的发展推动了全球的经济发展，跨国贸易拓宽了全球资本的流动范围。社会生产力的总和形成的经济基础，决定了文化、价值观念和意识形态等上层建筑。全球化使各民族国家文化成为全球共享的生产资料。在文化生产和传播过程中，西方发达国家保持着文化商品的生产优势，借助于其文化产品在全球推广消费主义的西方思潮，对他国受众的思想层面产生影响。在西方文化的全球传播中，全球文化的同质化和异质化成为一组二元对立的概念，正如阿帕杜莱指出的那样：“今天，全球互动的中心问题是文化同质化与文化异质化之间的紧张关系”[②]。国家文化在面临被同质化的危机时，如何保持自身的文化特性是众多国家在全球化时代应积极思考的现实问题。

在全球化语境下，传播技术的变革使传播全球化得以实现。信息传播网络的发展，连接了全球不同的地区，信息全球化和传播全球化体现出媒介在全球化时代的影响力。新闻和信息的传播呈现出全球化的发展态势。对经济利益的追逐，使各国媒体集团之间的跨国兼并与合作成为传媒行业发展的新常态，发达国家的跨国传媒集团凭借资本和技术的优势牢牢地把握住了国际话语权，为本国创造着更多的国家利益。传播媒介从工具理性向功能理性的转向推动了我们对全球化或全球化语境认识的理论转向。社会化媒体的使用削弱了民族和地域的局限性，传播的边界变得模糊，强化了西方发达国家在文化、信息、传播和意识形态等层面的多重优势。全球化在对国家发展产生积极影响的同时，其负面效应也不容忽视，尤其是在信息传播隐秘的物质外壳背后，异质文化对国家文化的影响更应引起我们对全球化时代国家文化安全问题的再思考。

① 转引自魏玓：《全球化脉络下的阅听人研究——理论的检视与批判》，《新闻学研究》（台湾）第60期。

② 汪晖、陈燕谷主编《文化与公共性》，生活·读书·新知三联书店，1998，第527页。

二、“社会化媒体”（Social Media）的概念辨析

新世纪之后，国内外越来越多的学者开始重视具有社交性质的互联网应用程序对人类日常生活层面的影响。“Computer–Mediated Communication（CMC）”是西方学术研究中与当下 Social Media 最为相似的学术概念。瑟洛（Thurlow）认为，“CMC 是指通过电脑中介发生的传播现象，如即时消息、电子邮件或聊天室，也可以指代其他形式的交互式文本信息传播”[①]。麦奎尔（McQuail）将 CMC 界定为“通过使用两个或两个以上的电子设备而进行的人类交流”[②]。布兰采格（Brandtzaeg）和海姆（Heim）同样认为具有社交性质的应用是一种以电脑为中介的传播方式，即 Computer–Mediated Communication（CMC）[③]。这些论述都强调了 CMC 对用户虚拟人际网络构建的影响。用户在娱乐、社交和消费等方面的信息需求促进了基于 CMC 范式的 BBS、OICQ 以及其他早期社交类应用用户的数量增长。早期国外学者对 CMC 概念的相关研究从社会个体信息需求的心理层面出发，思考了 CMC 传播形态对人类社会发展的影响，关注到计算机应用对人类社会交往方式的改变。尽管这一时期的研究缺乏交叉学科的研究思路，并未深入地考察人类信息传播活动的变化对社会交往方式的影响，但仍为当前我们认识“Social Media”奠定了理论基础。

SNS（Social Networking Services）是继 CMC 之后，西方学者提出的用来描述虚拟空间社会交往行为的另一学术词汇。博一德（Boyd）和艾里森（Ellison）认为社交网络是“基于 Web 技术且允许个人创建公开账户并创建能够与他人保持联系的用户列表的系统，包括其他的附加服务的社交媒体方式”[④]。分享信息是这类社交方式的主要特征，SNS 能够帮助用户在虚拟

① Thurlow, C., Lengel, L. and Tomic, A., *Computer mediated communication: Social interaction and the internet*, (London: Sage,2004), pp.24.

② McQuail, Denis, *Mcquail's Mass Communication Theory*, (London: Sage Publications,2005), pp.5.

③ Brandtzaeg, P.B and Heim J, “Why people use social networking sites,” in A.A Ozok and P.Zaphiris, ed. Online Communities (Springer–Verlag: Berlin Heidelberg,2009), pp.143–152.

④ Boyd, D.M, and Ellison N. B, “Social network Sites: Difinition, History, and Scholarship,” *Journal of Computer– Mediated Communication*13, No.1(2007):pp. 210–230.

空间中更快地建立起与其他用户之间的联系，也是用户向社会公众展现自我的文化场域。自 SNS 出现后，用户数量成倍增长，成为虚拟空间中用户使用最为频繁的媒介。“用户的快速增长证明了社交网站使用的普遍性。据报道，Myspace 页面浏览量于 2005 年超过了谷歌。”[①] 中国大陆主要将 Social Networking Services 或 Social Networking Site 两种英语表达方式译作社交网络。其中，Networking 强调用户与用户在互联网虚拟空间中形成的人际关系，人际互动关系是社交网络的重点，通过网络加强“关系”是 SNS 使用的主要目的。

安东尼·梅菲尔德（Antony Mayfield）于 2007 年在名为 *What is Social Media* 的电子书中首次提出“Social Media”一词。安东尼·梅菲尔德认为 Social Media 为众多用户构建了在线信息分享空间，具有参与、公开、对话、社区化、连通性和即时交流的特点。Social Media 的形态包括：社交网络、博客、维基百科、数字广播、网络论坛、微博和视频网站等信息分享社区。[②] 安东尼·梅菲尔德阐释了 Social Media 的传播特点并概括了其包含的媒介形态，认为分享、公开和社区化是 Social Media 有别于其他社交应用的主要区别。捷娃（Java. A）等学者认为“人们通过使用 Social Media 来分享一系列的信息，包括他们的个人经历和新闻故事链接或者是博客内容”[③]。这一论述更加贴近用户社会化媒体使用的日常动机，也描述出社会化媒体信息生产中的内容形态。强调了 Social Media 具有分享新闻故事链接的技术特点。卡普兰（Kaplan, A.M.）和亨莱因（Haenlein, M.）对社会化媒体的定义是当下最具代表性的，“Social Media 的概念不等同于 Web2.0 或用户生产内容（UGC），Web2.0 是社交媒体的基础平台，UGC 是用户使用社交媒体的一种形态，用户自行生产的信息可以通过社交媒体传播给其他社会个体。因

① Steve Rosenbush“News Corp.’s Place in MySpace,” *Bloomberg BusinessWeek*, July 19, 2005.

② Antony Mayfield, *What is Social Media*, 2007, http://www.icrossing.co.uk/icrossinguk-search?query=what+is+social+media.

③ Java. A, Finin T and Song X, et al, “Why we Twitter: understanding microblogging usage and communities, ” Joint WEBKDD and 1st SNA-KDD workshop’07, August 12-15, 2007.

此，博客、社交网络、视频网站和网络游戏等都属于社交媒体的范畴”①。卡普兰和亨莱因对社交媒体概念的论述在学界受到普遍认同，这一定义概括了社交媒体与 Web2.0 和 UGC 之间的关系，更为清晰地阐释出社交媒体的媒介特点。马格罗（Magro）也认为“Social Media 包括了多种多样的社交应用程序”②。笔者认为，简（H. Kietzmann, Jan）和荷姆肯斯（Kristopher Hermkens）对 Social Media 的描述进一步点明了其对社会信息交往的影响。“Social Media 依赖于移动和 Web 技术来创建具有高互动性的共同社区，以满足个人用户的信息分享、讨论以及修改用户自行生产的信息内容。Social Media 的出现改变了信息传播的形态，促进了企业、组织、团体和个人之间的沟通。”③ 也有学者直接对 Social Media 作出界定，即“任何人通过相对便宜和使用广泛的电子通信工具发布和获取信息，努力协作或建立联系”④。这些对 Social Media 的论述意识到其对信息传播形态的影响，特别是 Social Media 对用户社会交往行为的影响。

从 CMC 到 SNS，再到今天的 Social Media，国内外学者逐渐认识到虚拟空间中的人际交往对政治、经济和文化等社会子系统的影响。早期 CMC 的概念已无法适应当下媒介使用的需求及媒介环境的变化。虚拟空间的社交途径不再局限于计算机这类硬件设施。SNS 从狭义的层面描述了互联网中具有社交性质的信息平台形成的社交网络。当下，移动互联网和移动通信设备的发展让移动式社交体验成为可能。Social Media 较 SNS 概念的外延而言，更广泛。社会化媒体中的相互评论、转发以及点赞等社会行为丰富了社会化媒体的媒介属性。

Social Media 与 CMC 和 SNS 相比，更深刻地描绘出用户通过社交网络

---

① Kaplan, A.M. and Haenlein, M, “Users of the world, unite! The challenges and opportunities of Social Media,” *Business Horizons*53, No.1(2010):59–68.

② Magro, M. J, “A review of social media use in e-government,” *Administrative Sciences*2, (2012):148–161.

③ H. Kietzmann, Jan and Kristopher Hermkens, “Social media? Get serious! Understanding the functional building blocks of social media, ”*Business Horizons*54, (2011): 241–245.

④ Murthy, Dhiraj, “Twitter: Social Communication in the Twitter Age,” *Cambridge Polity*, (2013):7–8.

在虚拟空间中与他人的人际交往和实现个人情感网络分享的媒介体验。同时，社会化媒体用户能够随时向其他用户传播具有新闻性质的消息，特别是社会化媒体的舆论生产功能弥补了 SNS 在媒介功能上的不足。信息传播环境变化下的社会化媒体增强了用户信息消费的个人意识，逐渐具有与传统媒体相似的信息发布和制造舆论的文化功能。在一些重大突发事件中，社会化媒体用户生产的信息甚至成为传统媒体新闻生产的信息源。由此可见，社会化媒体已具备了新闻信息生产和传播的功能，并同时涵盖了网络聊天、情感交流或记录生活等其他社会功能，其文化内涵不仅仅停留在维系互联网空间中人际交往的功能层面上，而且开始具有信息中介和信息公开发布的"媒体"特征。

在我国，一些学术研究通常用社交媒体（或社会化媒体）的方式来表述 Social Media 这一概念。"社交媒体又译为社会化媒体，是以 Web2.0（互联网 2.0）的思想和技术为基础的互联网应用，用户可以借此进行内容创作、情感交流与信息分享。"① 这些研究翻译了 Social Media 的表层含义，并未对其进行深入的理解。在论述问题时，更多的研究直接选用其中一种表述，但并未加以学理性的概念分析。研究概念的模糊使研究缺乏指向性，厘清"社交媒体"和"社会化媒体"之间的区别有利于研究的科学性。

彭兰在其多篇论文中均使用"社会化媒体"的表述，"社会化媒体是基于用户社会关系的内容生产与交换平台。社会化媒体的主要特征有如下两个方面：一是内容生产与社交的结合。二是社会化媒体平台上的主角是用户，而不是网站的运营者"②。这种论述更侧重于描述 Social Media 中的用户社会关系和内容生产交换。社会交往既是社会个体生存和发展的基本前提，也是人际关系建构的基本维度，但"社交媒体"的表述仅强调了 Social Media 中的社交性，概念的外延相对较窄。在新媒体时代，社会化媒体作为社会个体的物质交往和精神交往的基础而存在。马克思在社会语境和生产关系的视

① 殷乐：《2010 年美国社交媒体发展报告》，载尹韵公主编《中国新媒体发展报告 (2011)》，社会科学文献出版社，2011，第 332 页。

② 彭兰：《社会化媒体、移动终端、大数据：影响新闻生产的新技术因素》，《新闻界》2012 年第 16 期。

阈下论述了“交往”的概念，如“互相交往”“内部和外部的交往”“广泛的国际交往”等，并认为内部交往包括个人彼此间的交往和社会群体与其民族内部社会要素之间的交往。“人同自身的关系只有通过他同他人的关系，才成为对他来说是对象性的、现实性的关系。”[①]社会交往是社会个体建立社会关系的方式。米德的符号互动论将自我分为“主我”和“客我”两部分，社会个体通过对他人的社会评价和社会期待的、代表的、客我的感知和思考，媒体在主我与客我互动的过程中通过传播信息使社会个体不断地调适其社会行为以适应社会评价和社会期待。在与他人的交往过程中，社会个体通过与他人意见的交换或在媒介使用的过程中不断地修正自己的观点，实现个人的社会化。

社会化媒体是基于 Web2.0 技术，为用户生产的信息内容提供交换和消费场域的媒介形态，应包括以文本和图片信息为主的 QQ、BBS、博客、微博和微信等，还应包括如优酷土豆、爱奇艺和搜狐视频等以提供视频服务为主的视频网站。在对相关理论和文献的阅读梳理中，笔者发现国内外对社会化媒体的研究普遍认为社会化媒体是一种多媒体形态的新兴传播媒介，用户通过社会化媒体能够满足情感需求、信息需求和社交需求。笔者认为“社交媒体”侧重于人与人之间通过媒体中介形成的人际关系，而使用社交媒体的目的则在于进一步的加强熟人社会的私人联系，强调在社交过程中获得精神层面的愉悦，是一种从信息消费者视角出发的学术概念。“社会化媒体”中的社会化更强调社会个体在信息使用时，“主我”与“客我”之间的符号互动。在社会化媒体场域内，以社会交往目的为基础，信息生产使用户与他人结成新的社会关系或加强原有的社会关系，另一方面也使用户可以在海量信息中检索要使用的相关信息。“社会化媒体”这种表述涵盖了社交媒体的网络人际关系建构特征，描述用户的社会化媒体使用形成的各种人际关系，强调网络社区的形成和用户生产内容的媒介特征。在强调信息生产者生产信息的同时，它也客观描述了用户在虚拟空间中生产信息文化的社会行为，体现出社

① 《马克思恩格斯全集》(第 42 卷), 人民出版社 , 1979, 第 99 页。

会化媒体赋予用户表达自我态度和观点的社会功能。在社会化媒体中表达自我、获取信息并与他人互动为用户个体“主我”与“客我”之间的互动提供了社会资料。作为全球化时代信息消费者获取信息的主要媒介，社会化媒体也成为权威媒体拓展客户市场的主要渠道。

综上所述，本文认为用“社会化媒体”来表述 Social Media 更为恰当。在社会化媒体中，用户能够自行生产、分享、传播个人信息和观点或通过转发他人观点表明个人态度，且在信息分享和传播的过程中，不断地结成各种社会关系并生产新的社会话题，提升用户的参与度，保持社会化媒体的信息粘性。社会化媒体满足了用户日常接受信息、了解环境、文化娱乐、信息教育和引导舆论等社会交往诉求。此外，社会化媒体中的信息在社会流通过程中实现生产、分配、交换和消费各个环节中的商业价值，塑造的虚拟社区模糊了公共领域和私人领域之间的界线。与传统媒体相比，社会化媒体的用户层面更为广泛，包括传统媒体及其从业人员、政府要员或政府机构、社会精英群体、中间阶层群体和社会弱势群体等各类社会阶层。从用户社会阶层的分散性来看，社会化媒体的草根性是区别于其他媒体的特殊属性。一些在传统媒体语境下无法表达自我的社会阶层，在社会化媒体中获得了表达自我的信息权力。在全球范围内，各国使用的主流社会化媒体略有区别，但不同国家和地区的社会化媒体的信息生产和使用都具有同质化的元素，如连接分享、公开性、裂变性、即时传播和社区化等。用户社会化媒体使用的过程也是其满足自身精神层面诉求的社会化过程。

三、全球化语境下社会化媒体的研究综述

国外对社会化媒体的研究起源于 2000 年前后。2008 年起，Social Media 作为研究关键词出现在各类交叉学科的研究成果中。一些研究者将更为具象的社会化媒体，如 BBS、Blog、Facebook 和 Twitter 等作为研究对象，讨论它们在公共领域和社会活动中产生的媒介效应。国内早期对社会化媒体的研究起源于对 QQ、BBS、Blog 和 SNS 等社交性传播工具的经验性描述。以介绍新兴媒介为主要目的，归纳了社交性传播工具的特征和使用方式，并普遍

认为这类传播媒介在人际交往、社会文化和全球信息资源分享等方面产生了一定的影响。2008年，柳华芳在《重新规划互联网价值——社会化媒体的中国行》[①]一文中首次使用了“社会化媒体”这一概念，认为社会化媒体具有参与、公开、交流、社区化和连通的特征。柳华芳还认为，社会化媒体既包括以Facebook为主一类的多媒体社会化媒体，也包括以YouTube为代表的视频网站。微博和微信的先后出现使我国的信息传播环境更加复杂，我国对社会化媒体的研究视角开始从BBS、QQ、Blog和人人网等转到微博、微信等新兴社会化媒体。2010年后，微博、微信、BBS和视频网站等其他类型的社会化媒体研究成果大幅增加。

（一）社会化媒体对信息传播活动的影响

社会化媒体在突发事件报道中的优势改变了传统新闻业的采编模式。传统媒体与社会化媒体的融合发展成为互联网时代信息传播活动的新趋势，如段钢的《微博时代：报纸“变”与“不变”》[②]。文建则更关注传统媒体使用社会化媒体的问题，认为社会化媒体在传统媒体中的全面渗透对新闻事件和新闻伦理提出了挑战，所以我们应规范社会化媒体的管理机制，“国外媒体对社会化媒体的管理应提倡职业道德，强调从业人员的自律”[③]。瑟曼（Thurman）认为博客新闻和维基新闻使传统主流媒体必须对公民新闻或草根新闻作出反映。[④]荷米斯（Hermes）指出博客丰富的个人观点在日常生活中发挥着积极作用，用户生产的谣言在传播过程中影响了公众分析问题的导向和对社会事件或公众人物的评判标准。[⑤]在社会化媒体的信息生产中，传统媒体的说服力开始向社会化媒体转移，传播者和受众也开始变成信息生产者和信息消费者。

---

① 柳华芳：《重新规划互联网价值——社会化媒体的中国行》，《互联网天地》2008年第3期。

② 段钢：《微博时代：报纸“变”与“不变”》，《中国记者》2010年第4期。

③ 文建：《以柔克刚：国外传媒机构规范使用社会化媒体的经验》，《中国报业》2010年第10期。

④ Thurman, N. J, “Forums for citizen journalists? Adoption of user generated content initiatives by online news media,” *New Media & Society10*, No.1(2008).

⑤ Joke Hermes, “Audience Studies 2.0: On the Theory, Politics, Method of Qualitative Audience Research,” *Interactions: Studies in Communication and Culture* 1(Jan.2009):25.

靳文涛和许程程侧重于社会化媒体在国际突发事件中报道特征的研究，认为传统媒体与微博的结合是国际突发事件报道的新模式。[①]《对社会化媒体的传播学思考》则认为社会化媒体信息的碎片化和即时性改变了传者与受众之间的传播形态，拓宽了人际交往的范围。[②] 梅林（Merrin）指出，社会化媒体使用户可以自己调查或报道生活中的事情，并将他们的结论传播给他们的朋友。[③] 山下（Yamamoto）认为，YouTube 是社会化媒体，用户可以利用它来上传视频并评论视频内容，博客是用户利用自己生产的内容并与他人产生互动的社会化媒体。[④]"伦敦地铁大爆炸"和"伊拉克战争"以及"美国总统大选"等全球性的重大事件成为早期社会化媒体研究的经典案例，如《草根记者与"DIY"新闻——由美国总统大选看博客新闻》等文中对社会化媒体公民记者在重大突发事件中的报道式参与作了相关论述。

社会化媒体的社会动员功能对政治格局的影响是全球化语境下社会化媒体研究的另一个重要视角，麦斯米兰（Maximillian）研究社会化媒体通过信息传播对中东和北非地区的政治格局产生的影响，探讨社会化媒体信息在"阿拉伯之春"的过程中如何变成了广播信息，权力的使用方式在社会化媒体和广播媒体之中相互转换，主流媒体也可以通过社会化媒体更有效地进行信息传播。[⑤] 安灼拉（Enjolras）等人采用了新的研究视角，即社会化媒体在社会动员中的组织作用[⑥]，分析了社会化媒体在民间活动中的影响，探讨线上和线下参与之间的关系。社会化媒体对特定年龄段的受众具有不同的政治信息

① 靳文涛、许程程：《国际突发事件报道的新模式——凤凰卫视如何利用微博报道日本地震》，《新闻爱好者》2011 年第 23 期。

② 孙楠楠：《对社会化媒体的传播学思考》，《新闻爱好者》2009 年 17 期。

③ William Merrin, "Media Studies 2.0: Upgrading and Open-Sourcing the Discipline," *Interactions: Studies in Communication and Culture* 1, (Jan.2009):17-34,24.

④ Kushin, M. J, and Yamamoto, M, "Did social media really matter? College students' use of online media and political decision making in the 2008 election," *Mass Communication & Society13*(2010): 608-630.

⑤ Maximillian Hänska Ahy, "Networked Communication and the Arab Spring: Linking Broadcast And Social Media," *New Media & Society1*(2014):18.

⑥ Bernard Enjolras, Kari Steen-Johnsen, and Dag Wollebæk, "Social media and mobilization to offline demonstrations: Transcending participatory divides?" *New Media & Society15*, No.6(2012):890-908.

传播效果，尤其是 Facebook 的群组功能拥有强大的组织能力。因此，社会化媒体应作为社会组织传播信息时的一种补充方式。史密斯（Smith）等人认为，社会化媒体是重要的政治信息来源，公民通过社会化媒体的政治评论或其他形式参与政治话题，最后网络中的政治参与会演变成现实生活中的政治参与。① 这些研究以"阿拉伯之春"等重大国际事件为案例，分析了社会化媒体对用户线上或线下政治行为的影响，认为社会化媒体是具有社会动员能力的信息媒介。

社会化媒体重塑了信息传播的形态，重构了社会中的多组关系。一些学者从新闻传播学的研究视角出发，论述了社会化媒体对当下国内外信息传播格局的影响。《博客和个人媒体时代》认为，博客的使用使公众能够进入公共领域，表达自己对社会事件的看法和意见，重构了国家、社会和受众三者之间的关系。② 另一些学者认为社会化媒体弱化了传者和受者间的界限，赋予受众更多的信息生产权力，延伸了信息传播的空间。"赋予个人前所未有的对媒体施加影响的权利。"③

还有一类研究将社会化媒体使用置于舆论学的视阈下，解析社会化媒体对社会舆情的影响主要体现在突发事件中政府的舆情引导、网民的信息使用心理和微博谣言治理这三个层面，指出社会化媒体能够对舆情产生正面或负面的影响。如《微博语境下突发事件中的谣言传播分析》④ 和《制造谣言者戒——"郑州温某等利用 BBS 散布有害信息破坏生产经营案"解析》⑤ 等文认为社会化媒体中的虚假信息存在危害社会主义精神文明建设的社会风险，关注到社会化媒体在信息传播过程中产生的谣言或流言等失真信息存在引发社会恐慌的潜能，并认识到社会化媒体的议程设置功能。"公众绕过了传统

---

① Smith A, Schlozman KL, Verba S, et al, "The Internet and civic engagement. Pew Internet and American Life Project," accessed June6, 2012, http://www.pewinternet.org/~/media/Files/Reports/2009/The%20Internet%20and%20Civic%20.

② 颜纯钧：《博客和个人媒体时代》，《福建论坛》（人文社会科学版）2003 年第 3 期。

③ 麦尚文、丁玲华、张印平：《博客日志：一种新的网络传播方式——从传播学角度看 blog 的勃兴》，《新闻界》2003 年第 6 期。

④ 马寿帅：《微博语境下突发事件中的谣言传播分析》，《新闻知识》2011 年第 9 期。

⑤ 周康：《制造谣言者戒——"郑州温某等利用 BBS 散布有害信息破坏生产经营案"解析》，《信息网络安全》2001 年第 2 期。

媒介，他们在网络论坛的虚拟空间里交流、评论，甚至是传播各种各样的小道消息，并使议题在更大的人群中扩散，最终成为全社会的议程。”[①]

以上研究提出了不少前瞻性的观点，为进一步认识社会化媒体奠定了学理基础。它们关注到社会化媒体对传统传播格局的影响和对传统新闻业的冲击等现实问题，并认识到社会化媒体模糊了传播者与受众之间的界限，具有重塑公共领域舆论的媒介功能，甚至存在诱发社会风险的可能性。

（二）社会化媒体对信息用户的影响

蓝劲松和咏鹏用量化研究的方式分析了 BBS 对大学生行为的影响，研究发现虚拟空间人际关系的复杂性对人的社会行为有一定的影响，大学生在虚拟空间中会认识更多的朋友，找到个性相近或兴趣相同的朋友，并对他人展现出更接近真实自己的社会形象。[②]胡泳认为，博客构成的虚拟化社区“赋予个人前所未有的对媒体施加影响的权力”[③]。《BBS 的信息传播与政治民主》[④]提出，BBS 塑造的公共领域为传统受众的自我表达和政治协商提供了新场域，既有利于个性化信息的生产和交换，也使人与人之间的信息交流方式发生了改变。常江通过对“鲁若晴事件”的案例分析，指出在社会化媒体的话题建构中，存在着传统媒体、意见领袖和网民三个信息生产主体。[⑤]在社会化媒体中，舆论领袖在履行其社会责任时的话语缺位，网民个人情绪化的话语传播以及传统媒体的感性和情绪化成为社会化媒体舆论建构和引导过程中的重要问题。在社会化媒体的受众研究中，一些学者指出社会化媒体碎片化的内容填满了受众的碎片化时间，伴随着点赞、转发和评论等习惯性行为的发生，受众逐渐对这种社交方式产生了心理依赖。他们强调了社会化媒体的“麻醉功能”，认为受众依赖社会化媒体主要是因为“对于信息价值的

① 陈红梅：《网络 BBS 里的“宝马撞人案”》，《新闻与传播研究》2005 年第 2 期。

② 蓝劲松、咏鹏：《BBS 的使用对大学生心理的影响：一个网上调查》，《当代青年研究》2000 年第 4 期。

③ 胡泳：《媒体变革：公众的角度》，《读书》2002 年 12 期。

④ 曾凡斌：《BBS 的信息传播与政治民主》，《暨南大学学报》（哲学社会科学版）2007 年第 3 期。

⑤ 常江：《社交媒体环境下的传媒、意见领袖和大众——以“鲁若晴事件”为例》，《新闻界》2012 年第 12 期。

过度期望、对时间的过高期望和对效益的无限渴求”[①]这三个方面。也有一些研究对特定用户群体的社会化使用行为进行分析，如刘振声以大学生为研究对象，通过定量分析的研究方法，发现自微博出现后，大学生用户普遍依赖于使用微博来满足社会交往行为，微博依赖体现出用户积极搜寻信息、使用媒介的主观要求，但是较强的微博使用依赖也会对大学生产生一些负面影响。[②]吉娜·陈（Gina M Chen）认为“信息、参与和娱乐”[③]是女性使用社会化媒体的主要动机，娱乐动机影响到女性用户使用社会化媒体的频率。杜米特里察（Dumitrica）指出，Facebook 和 Twitter 对青少年政治参与行为的影响使社会化媒体成为近年来政治选举中最被关注的媒介。[④]社会化媒体是一种基于意识形态和民主政治的媒体，大学生通过社会化媒体来完成政治参与行为。社会化媒体形成的社区提供了各类信息并具备信息分享的功能。同时，它还建立起政治家与公民之间的人际关系。韦路和赵璐从知识鸿沟的视角探讨了微博使用与知识生产和公共参与三者之间的关系。[⑤]研究发现中国网民在微博上的直接知识生产频率低于间接知识生产频率，而在微博的知识生产过程中，不可避免地存在性别鸿沟和城乡鸿沟。

这些议题主要从心理层面和社会层面分析了受众社会化媒体的使用动机以及社会化媒体的社会功能，认为政治参与、知识生产、文化娱乐或参与社会交往等是受众使用社会化媒体的动机。不同的受众对社会化媒体的认知程度不同，从而导致了受众群体之间的技术鸿沟和知识鸿沟。

（三）社会化媒体对文化的影响

社会化媒体作为媒介系统的组成部分，与社会、政治和文化等社会子系

---

① 徐传达：《从社会心理学视角谈社交媒体依赖》，《新闻传播》2014 年第 8 期。

② 刘振声：《社交媒体依赖与媒介需求研究——以大学生微博依赖为例》，《新闻大学》2013 年第 1 期。

③ Gina M Chen, “Why do women bloggers use social media? Recreation and information motivations outweigh engagement motivations,” *New Media & Society*17(2015):24–40.

④ Delia Dumitrica, “Imagining engagement: Youth, social media, and electoral processes, ” *Convergence: The International Journal of Research into New Media Technologies*(2014):1–19.

⑤ 韦路、赵璐：《社交媒体时代的知识生产沟——微博使用、知识生产和公共参与》，《兰州大学学报》（社会科学版）2014 年第 4 期。

统密不可分。一些学者认为受众使用社会化媒体的社会行为对文化产生了变革性的影响。手机支付等功能的普及，进一步强化了社交媒体信息的伴随性消费行为。沈阳从消费时代大众美学的视角出发，认为博客文化是高雅文化和通俗文化的杂交体，也是传统文化与新文化的分界线，博客信息生产中的一些内容会损害我国的传统文化。[①] 由此可见，国内学者在博客研究时代就已关注到社会化媒体的文化问题，并对社会化媒体的文化功能和文化影响进行了初步探讨。

汪寅和黄翠瑶既肯定了博客文化的积极作用，也考虑到了其负面影响。博客文化构建了不同博客群体相互交流的平台，为精英文化与大众文化、高雅文化与通俗文化之间的碰撞与融合提供了机遇。但是博客加剧了精神价值向使用价值转向的文化缩减现象。[②] 殷乐认为新的交往方式使社会化媒体对文化建构产生了影响。"民众对社会政治经济文化生活的积极参与，同时也易出现误用、滥用、利用话语权的现象，由此也增加了当下分权文化发展的复杂性。"[③] 李娟指出："网络社交媒体的不当使用，可能会抑善扬恶，误导人们的社会认知，造成网络政治文化混乱。"[④] 张磊以伦敦暴乱为例，指出社会化媒体使用容易诱发社会风险。[⑤] 刘建伟等人从用户个人信息安全的角度指出，用户在使用社交网络时，存在个人隐私泄露、身份认证和数据访问受限等安全问题。[⑥] 这些研究一方面认识到社会化媒体的正面文化功能，另一方面又体现出对社会化媒体在社会文化价值观和网络文化等方面产生的负面文化功能的担忧。

此外，一些学者积极地看待社会化媒体在文化传播中的作用，肯定了社会化媒体作为现代生活方式的存在。黄璜认为社会化媒体"重塑思想道德文

① 沈阳：《博客文化：网络文化的新美学形态》，《中国电子与网络出版》2003 年第 8 期。
② 汪寅、黄翠瑶：《"博客"文化现象探析》，《云南社会科学》2006 年第 3 期。
③ 殷乐：《全球社交网络新态势及文化影响》，《新闻与写作》2012 年第 1 期。
④ 李娟：《政治文化视野下的网络社交媒体功能》，《苏州大学学报》（哲学社会科学版）2015 年第 2 期。
⑤ 张磊：《伦敦暴乱：社交媒体之罪？》，《青年记者》2011 年 9 月上。
⑥ 刘建伟、李为宇、孙钰：《社交网络安全问题及其解决方案》，《中国科学技术大学学报》2007 年第 7 期。

化、重塑社会文化、重塑民主文化并重塑流行文化”[①]。李林容认为微博文化具有“迷你型、即时性、草根性、碎片化和互动性”的特点，“从 IM 到博客日志再到微博，网民对话语表达的需求愈来愈‘即时化’”[②]。也有的学者从语言和叙事的层面对社会化媒体展开了研究，如网络流行语和社交媒体信息的叙事特点等，认为社会化媒体信息生产出了不同于传统文化风格的社会文化，对社会文化的发展具有积极作用。还有一些研究者更关注社会化媒体使用对政治文化的影响。《中国政务微博研究报告》中提到，政务微博构建了政府与群众交流的公共领域，有助于改进政府工作，了解民生和民情。[③]赵蒙旸从宏观层面剖析社会化媒体，“Twitter 在人际传播、国际传播和政治传播中都起着革命性的作用。大陆微博……既象征着公民社会的曙光，又投射着中国特色的治理哲学”[④]。

国外学者更关注社会化媒体与全球化的关系。金大勇（Dal Yong Jin）和尹京一（Kyong Yoon）观察到了社会化媒体在文化全球传播中的作用。他们认为在韩流全球传播的新阶段中，社会化媒体为全球用户构建了韩流消费的文化空间。[⑤]达尔戈林（Dahlgren）指出，社会化媒体中的讨论和各种意见是公民文化的一部分，这种文化有助于我们了解自己在社会中的政治关系。[⑥]

在全球化语境下，社会化媒体的用户增长为各国文化的传播带来了新的契机，用户和社会化媒体中的信息产品形成了一种新的文化图景。在社会化媒体构建的文化空间中，用户的参与式讨论促进了文化的发展，也有助于加深用户对其所处的社会文化的理解。社会化媒体作为一种网络文化现象，构成了社会形态的基础性物质框架，表达方式多样且使用价值多元化。社会化

---

① 黄璜：《社交网络媒体文化价值分析》，《现代传播》2012 年第 11 期。

② 李林容、黎薇：《微博的文化特性及传播价值》，《当代传播》2011 年第 1 期。

③ 张志安、贾佳：《中国政务微博研究报告》，《新闻记者》2011 年第 6 期。

④ 赵蒙旸：《“推”出的公民社会——微博在大陆的发展探究》，《东南传播》2010 年第 4 期。

⑤ Dal Yong Jin and Kyong Yoon, “The social mediascape of transnational Korean pop culture: Hallyu 2.0 as spreadable media practice,” *new media & society*1(2014):16.

⑥ Dahlgren P, *Media and Political Engagement: Citizens, Communication, and Democracy* (New York: Cambridge University Press, 2009).

媒体形成的文化是兼具草根文化和精英文化双重特点的大众文化。上述研究主要剖析了社会化媒体中生产者和消费者之间的关系，认识到社会化媒体的文化功能，并强调了社会化媒体的文化生产与社会文化之间的特殊关系。此外，一些借助于叙事学和符号学的研究方法对社会化媒体文本展开的分析有助于我们认识到社会化媒体文本背后的文化生产行为以及用户文化身份认同建构和结构的相关问题，为社会化媒体的文化研究提供了新的视野。

（四）社会化媒体对国际传播的影响

社会化媒体用户分布在全球各个国家和地区，用户参与度极高。用户利用社会化媒体参与社会话题的讨论能够让某一话题在短时间内发酵为全国甚至全球性的热门话题，其影响范围已不再局限于某一国家内部，更具有传播全球化的特点。随着全球用户数量的快速增长，社会化媒体在国际重大新闻事件中凸显的媒体特质，使传统媒体关注到其在新闻生产和传播中的运用价值。

在全球化语境下考察社会化媒体国际传播的功能研究中，ABC 新闻网、福克斯新闻网、《基督教科学箴言报》《卫报》和 CNN 等知名媒体分别开设了博客账户，使博客成为新闻传播的新阵地。相德宝和张人文认为我国应借助社会化媒体在国际舆论中把握话语权。[①] 周葆华认为“BBS 可以拓展中国国际新闻传播的空间”[②]。李希光和秦轩认为“通过媒体与互联网为其他国家设置议程，这已经成为国际政治中一种软力量的入侵”[③]。从我国社会化媒体国际传播的现实情况看，我国主流传统媒体的社会化媒体账户的用户粘性不强，社会化媒体账户议程设置的能力不及西方发达国家，全球影响力较弱。《美联社微博新闻本土化研究》一文认为，社会化媒体的开放性使境外媒体能够通过其中国社会化媒体账户直接向中国网民传播信息并产生互动，通过议程设置的方式，直接或间接传播着西方意识形态和价值观。[④]《如

① 相德宝、张人文：《借助社交媒体提升中国媒体的国际影响力》，《对外传播》2014 年第 6 期。

② 周葆华：《激辩在网络——从美伊之争事件看 BBS 对中国国际报道和国际时政讨论的拓展》，《新闻大学》2003 年第 4 期。

③ 李希光、秦轩：《谁在设置中国今天的议程——电子论坛在重大新闻事件中对党报议题的重构》，《新闻与传播研究》2001 年第 3 期。

④ 信莉丽、庄严：《美联社微博新闻本土化研究》，《出版广角》2014 年 10 月合刊。

何利用境外社交媒体更有成效——以新华社在Twitter上的探索为例》[①] 从新闻实务的角度，分析了我国主流媒体在国际社会化媒体中的运作现状、存在的问题，并认为国内媒体利用境外社会化媒体能够深化我国媒体的国际影响力。这类研究肯定了社会化媒体的国际传播功能，认识到社会化媒体在全球化语境下与文化软实力之间的直接联系。

另一类研究则以某一种社会化媒体为研究对象，分析社会化媒体议程设置、舆论引导和受众心理方面的影响，并将研究范围从一国BBS扩展到与其他国家BBS对比的维度。“如果本国的新闻报道数量不足，不够全面，那么在这种情况下，网民会将目光投向更为广阔的海外媒体。”“网民的上网习惯、民族心理和文化特点对网民的讨论行为会产生明显的影响。”[②] 张秋瑰用比较研究的方法结合受众消费的视角，分析出中美博客用户内容消费偏好的差异性。他认为美国博客用户更注重言论发表，侧重于关注政治生活和民主发展，政治、科技、生活和女性类博客访问量最高。[③] 在比较分析的结论中，张秋瑰强调美国用户多通过使用博客与他人互动，表达自己的态度和意见，更容易产生意见领袖。中国博客的内容多是通过暴露自己的隐私来扩大个人的社会影响力，用户更重视博客的娱乐功能。邓建国通过对在华外国人博客使用行为的观察，提出博客是在华外国人进行国际传播的新渠道这一观点。“在中国的老外，通过博客，每天都在将他们在中国的所见所闻，利用神奇的因特网，以文字、图片甚至视频和音频的方式向国外受众做个性化的报道和评论。他们规模上具有‘全民性’，手段上利用了因特网上的博客网页，内容上偏于文化和经济交流，他们不是中国的国际传播从业人员，但是起到了同样甚至很可能是更‘好’的传播效果。”[④] 全球化使信息交换和国际交流更加频繁，

---

① 缪晓娟、左为：《如何利用境外社交媒体更有成效——以新华社在Twitter上的探索为例》，《对外传播》2015年第3期。

② 宋豫、唐晖、胡献红：《“西北事件”期间中国人民网〈中日论坛〉和日本雅虎〈日中关系〉BBS论坛的内容比较研究》，《新闻与传播研究》2004年第4期。

③ 张秋瑰：《博客力量与中国现状——从中美博客热点差异看中国博客的现实发展》，中国传播学论坛论文，深圳，2006。

④ 邓建国：《从在华外国人的博客看国际传播的新途径》，中国传播学论坛论文，深圳，2006。

博客成为国际传播的新途径，也使国际传播主体更为多元化。

2012 年伦敦奥运会被称为人类历史上第一次社会化媒体奥运会。2012 年的伦敦奥运会改变了观众对奥运文化的消费方式，越来越多的全球信息用户通过社会化媒体参与奥运赛事的讨论，利用社会化媒体的用户评论功能与其他用户分享观看奥运会的感受。加之，手机游戏等较为特殊的社会化媒体的奥运参与，进一步强化了社会化媒体在全球媒介事件中的影响力。社会化媒体使观众用全新的方式观看体育赛事。信息用户的社会化媒体参与已经成为一种常态。2008 年北京奥运会是网络媒体开始介入体育赛事播报的起点，而“社交媒体的口碑传播、分享互动在某种程度上消解了传统媒体在奥运报道时的绝对权威”①。“社交媒体的出现显然使情感分享和意见分享也成为奥运新闻消费的必需品。”②

在全球化语境下，社会化媒体已成为信息用户获取新闻资讯的首要途径，在未来将会成为国际传播的重要渠道，延伸国际新闻的传播范围，成为各国软实力较量的新场域，也是各国意识形态安全和文化安全关注的重点领域。胡泳认为我们生活在一个巨变的国际传播环境中，全球信息的快速流动，社会化媒体为国际传播提供了突破性的工具。利用社会化媒体进行公共外交是外交发展的大趋势。③一些学者就我国传统媒体的国际社会化媒体账户运作中存在的弊端进行了深刻的剖析，并提出了发展策略。现有的研究认识到社会化媒体在国际传播中的作用，关注到境外用户群体使用社会化媒体产生的效果不同。整体看来，社会化媒体对政治、文化、经济和社会等方面有着不可忽略的影响，受众的社会化媒体使用行为对社会宏观系统、中观系统和微观系统的影响是不可回避的。

社会化媒体与商业的关系、社会化媒体的社会资本以及社会化媒体的信息风险是近年来国外社会化媒体研究的重要向度。特别是在“阿拉伯之春”

① 王佳航：《奥运报道的新大众时代——对社交媒体繁荣背景下媒介竞争格局的观察与思考》，《新闻与写作》2012 年第 9 期。

② 王佳航：《奥运报道的新大众时代——对社交媒体繁荣背景下媒介竞争格局的观察与思考》，《新闻与写作》2012 年第 9 期。

③ 胡泳：《新媒体时代的公共外交》，《现代传播》2011 年第 9 期。

事件后，社会化媒体的政治影响和社会动员效果成为国外社会化媒体研究的热点，而社会化媒体在民族国家发展进程和突发事件中的效果研究则是国外社会化媒体研究的难点。尽管国内外学者普遍认为社会化媒体的出现与使用对社会文化产生着不可估量的影响，但是国外对社会化媒体的文化研究成果较少，研究视角还有待拓展。不过，仍有一些西方学者关注到了社会化媒体建构的文化空间对民族文化的影响。同一时期内，我国对社会化媒体的研究视角更加多元化，随着 BBS、微博、微信和视频网站的普遍应用，社会化媒体（社交媒体）逐渐成为研究的主要对象。研究范式开始从社会化媒体的个性研究向共性问题转移。首先，开始从社会心理学的视角出发，探讨社会化媒体受众使用信息的心理需求、机制和依赖成因。其次，在对突发事件中的社会化媒体的研究中，认为互动性极强的社会化媒体有激发社会群体性事件的可能性，具有社会动员的力量。我们应重视社会化媒体在舆情监控和舆论引导方面产生的影响。2012 年后，我国学界更注重社会化媒体在重大突发事件中的正面和负面传播效果的研究。一些学者认为社会化媒体断点式的传播特点更易传播谣言，但也有一些学者认为社会化媒体的特征为政府和权威部门辟谣开辟了新通道。第三，社会化媒体的政治功能研究，继政务微博之后，政务微信也受到研究者的关注。相对去阶层化的社会化媒体为受众参政议政提供了新平台，这也使社会化媒体时代政府社会管理的新思维、新方法和新问题成为研究热点。第四，境外媒体、国家和主要机构等借助于社会化媒体在中国进行信息传播活动，以及我国主流媒体的国际社会化媒体账户运作方面的研究成果较为丰富，社会化媒体在国际话语场中的传播功能开始受到重视。我国学术界对社会化媒体的文化功能已有所认知，并开始关注其对国家安全产生的影响，但社会化媒体对国家文化安全影响的研究成果较为匮乏。

四、全球化语境下中国国家文化安全的研究综述

全球化加强了世界各国之间的联系，构成了世界各国利益摩擦的空间，传统的国家安全观向非传统安全观转移凸显了国家文化安全在全球化语境下

的重要性。《超限战》中认为新的国家安全观是："所关注的绝不止于国防安全问题，而是毫不犹豫地将国家的政治安全、经济安全、文化安全、信息安全等方方面面的安全需要统统纳入自己的目标区。"[①] 文化安全是我国社会发展中的老话题，1983 年第六届全国人民代表大会第一次会议的政府工作报告就已指出："为了确保国家安全和加强反间谍工作，国务院提请这次大会批准成立国家安全部，以加强对国家安全工作的领导。"然而，随着媒介技术的发展，互联网的技术特点打破了国与国之间的物理屏障，成为全球文化分享的新空间。如今，社会化媒体与我国人民的日常生活密切相关，成为获取日常信息的主要途径。社会化媒体在"Twitter 革命""阿拉伯之春""马航 MH370 失联"等一系列国际性事件中产生了强大的社会效应，社会化媒体对国家文化安全的影响成为老话题中的新问题。

改革开放后，我国成为全球化中的重要一员，西方思潮涌入国门，影响着我国的国家文化。1991 年冷战结束后，长达 45 年的美苏争霸宣告结束，然而意识形态的冷战思维却仍然存在，全球化使国际环境更加复杂多变。罗伯特·塞缪尔逊认为全球化是"一把双刃剑，全球化既是加快经济增长速度、传播新技术和提高富国和穷国生活水平的有效途径，但也是一个侵犯国家主权、侵蚀当地文化和传统、威胁经济和社会稳定的有很大争议的过程"[②]。里斯本小组指出："全球化涉及了国家与社会之间多种多样的纵向与横向联系，从这些联系中产生了今天的世界体系。它还意味着在组成世界共同体的国家与社会之间相互作用、横向联系、相互依赖关系的强化。横向的扩大与纵向的深化同时进行。"[③] 国家之间错综复杂的国际关系使国家文化成为重要的战略资源，文化是国家软实力的重要部分，是一个民族物质文明和精神文明的总和。"文化对于社会发展的动力作用，是通过影响社会历史主体的人的思维方式、价值观念、情感态度得以实现的。"[④] 国家文化直接关系到

① 乔良、王湘穗：《超限战》，解放军文艺出版社，1999，第 177 页。
②〔美〕罗伯特·塞缪尔逊：《全球化的利弊》，《国际先驱论坛报》2000 年 1 月 4 日。
③ 张世鹏：《什么是全球化？》，《欧洲》2000 年第 1 期。
④ 杨信礼：《发展哲学引论》，陕西人民出版社，2001，第 154 页。

国家发展和国民的现实生活。然而，当今全球文化竞争的态势正如塞缪尔·亨廷顿描绘的那样："我们正经历着一场文化地震——文化全球化，它几乎涉及地球的所有地方。文化全球化既不是一种简单的重大承诺，也非一种简单的巨大威胁，而是一种文化层面上的多元化挑战，原先被认为不变的传统如今陷于崩解，信念和生活方式上出现了多种选择。"①

在全球化对国家文化安全影响的认识上，我国学者与国外学者具有一致性的观点。韩源认为，"文化安全是一个与文化扩张与文化霸权相对应的概念。分析国家文化安全有两个值得注意的基本维度，即意识形态安全和民族文化安全"②。马振超认为，文化全球化对文化安全的影响主要体现在文化民族性的变化上。"文化全球化冲击着主权国家所固有的思想观念、文化传统、生活模式、消费习惯、语言文字，并内化为深层的心理意识，严重威胁着落后国家的文化体系和整体价值观，即文化的民族性。"③这类研究普遍认为文化全球化造成了民族文化的同质化。西方发达国家凭借技术和文化优势，向发展中国家或不发达国家传播他们的价值观和意识形态，最终使文化全球化可能会演变为"文化殖民主义""文化帝国主义"和"媒介帝国主义"等各种形态。于炳贵和郝良华认为文化帝国主义入侵主要体现在三个层面，即"通过对外文化教育交流及援助项目进行文化渗透、凭借覆盖全球的综合信息传播体系进行文化扩张与渗透、通过大规模输出精神文化产品，宣扬美国的意识形态、生活方式和价值观念，并实现文化产业形态的殖民入侵"④。在传统媒体时代，研究者已经意识到信息传播体系与国家文化安全之间的必然联系。西方国家媒体的世界影响力服务于这些国家的国家利益，为它们在国际政治格局中获得了话语优势。在过去，传统媒体是世界发达国家对发展中国家和不发达国家或地区产生文化影响的主要渠道。

---

①〔美〕塞缪尔·亨廷顿、〔美〕彼得·伯杰：《全球化的文化动力：当今世界的文化多样性》，康敬贻等译，新华出版社，2004，第1页。

② 韩源：《全球化背景下维护我国文化安全的战略思考》，《毛泽东邓小平理论研究》2004年第4期。

③ 马振超：《维护文化安全：国家安全面临的现实性课题》，《中国人民公安大学学报》2004年第6期。

④ 于炳贵、郝良华：《全球化进程中的国家文化安全问题》，《哲学研究》2002年第7期。

随着媒介技术的发展，一些研究者意识到互联网信息对国家文化安全的影响。赵刚指出：“利用网络对与自己有着不同制度、不同价值导向的国家进行意识形态乃至全方位的文化渗透，已成为美国等一些西方发达国家推行其国际战略的重要手段。”[①] 在《微博视域下的国家安全》一文中，作者认为微博对国家安全的影响体现在“影响大众对敏感突发事件的认知、冲击原有的社会管理体系和境外资本影响了舆论导向”[②] 三个层面，社会化媒体中的舆论引导问题亟需引起重视。我国学者已经认识到全球化语境下国家文化安全问题的重要性，开始重视网络时代社会化媒体对国家文化安全的影响。

社会化媒体改变了传统受众使用新闻信息的模式，受众开始变成社会化媒体中的信息生产者和消费者，在信息生产和消费的过程中，建构了特殊的文化形态，使全球化语境下的国家文化安全问题错综复杂。社会化媒体使全球普通信息消费者之间具有更多的信息交流机会，更有利于文化产品的二次分配和交换。青少年是我国社会化媒体的主要用户群体，充满西方色彩和异域风情的文化产品对我国青少年群体更具吸引力，也更容易消解这一年龄段用户对民族文化的认同和意识形态。经济全球化加速了文化全球化，不同文化背景的文化产品的全球流通一方面为我国人民了解世界他国提供了途径，另一方面也为他国文化侵蚀我国国家文化提供了便利。西方和东北亚国家借助其文化优势，通过文化产品商业化的手段，向发展中国家推销他们的生活方式和意识形态，并获得了良好的传播效果，开放性较强的社会化媒体已成为境外国家传播文化思想的新兴渠道。因此，在全球化语境下，重视社会化媒体对国家文化的影响具有理论和实践意义。

① 赵刚：《全球化时代的“软权力”与文化安全策略》，《国际论坛》2004 年第 3 期。
② 梁士弘、祝利、陆余良：《微博视域下的国家安全》，《国防科技》2013 年第 1 期。

第三节 研究设计

一、研究样本的选取

（一）以新浪微博为研究对象

当下，世界各国都十分重视社会化媒体在国际传播中的战略意义。自2008年我国成为世界网民人数最多的国家至今，庞大的网民人数使媒介生态环境日趋复杂化。CNNIC第39次《中国互联网络发展状况统计报告》公布的数据显示，截至2016年12月，我国网民规模总数达到7.31亿人，手机成为中国网民接入互联网的主要移动设备。在移动通讯技术和移动互联网技术的刺激下，智能手机和平板电脑等移动设备已成为用户使用社交媒体的主要途径。随着综合国力的提升，我国成为境外媒体报道的重点对象，也是境外媒体信息推销的巨大市场。利用社会化媒体传播的便利性，提升对中国用户的文化传播力是境外媒体经济利益和文化利益双赢的体现。

我国境内的社会化媒体种类繁多，与其他社会化媒体相比，新浪微博作为最具公共领域特征且发展最为成熟的社会化媒体是我国当下最具影响力的观点市场。2009年新浪微博测试成功后，“围观改变中国”体现出新浪微博在我国社会发展进程中的影响。从社会文化的角度看，新浪微博丰富了文化生产和传播的形态，拓宽了用户的言论空间，提升了用户参与话题讨论的积极性。对传统媒体而言，与新浪微博的融合发展是传统媒体信息传播延伸的最佳途径。2013年新浪微博用户总人数就已超过5亿。经过六年的运营发展，新浪微博已形成稳固的用户基础。在我国传统媒体积极建设新浪微博账户的同时，境外媒体也注意到新浪微博对中国用户产生的影响。近年来，境外媒体新浪微博账户的数量逐年递增。这些账户一方面希望通过新浪微博直接向中国用户传递信息，扩大旗下中文网在中国的影响力。另一方面也试图在微博文本的传播中对中国用户产生文化影响，引导舆论走向。在全球化语境下，境外媒体作为新浪微博的特殊用户，其微博文本、用户评论文本和转发量等数据便于考察社会化媒体对国家文化安全的影响。与微信、BBS 和 QQ 等其他社会化媒体相比，微博的研究数据更易获得，更具可操作性。

（二）以境外媒体的新浪微博账户为样本框

在全球化语境下，我国的国家文化既面临来自欧美文化的影响，又面临着日韩文化的冲击。欧美文化作为世界的中心文化影响着我国的学术思潮、生活方式、语言符号以及思维观念等方方面面。我国的改革开放政策，为他国影视剧、明星和新闻等文化载体进入中国市场提供了机遇。传播技术的发展使社会化媒体成为境外文化在我国传播的新渠道，用户接触异质文化信息的途径更丰富，异质文化对我国国家文化的影响方式更加隐蔽。为了探究欧美文化和日韩文化背景的境外媒体新浪微博账户在微博生产的过程中对我国国家文化安全产生的影响，本研究以美国、英国、日本和韩国的传统媒体的新浪微博账户为样本范围，在每个国家中选取两家传统媒体的新浪微博账户作研究样本。

美国媒体的商业化运作理念成熟，重视传媒集团的全球化发展战略。在众多美国媒体的新浪微博账户中，《华尔街日报》是开设新浪微博最早的境外媒体，@华尔街日报中文网经过六年的精心运营，粉丝超过 1200 万。用户遍布世界 121 个国家和地区的美联社是众多国家的国际信源，其新浪微博账户 @美联社在中国形成了稳固的用户基础。这两家美国媒体的国际通讯稿是很多发展中国家国际新闻的一手信源，在美国本土和国际市场都具有极高的公信力，也是中国用户关注程度较高的美国媒体之一。鉴于《华尔街日报》和美联社两家美国媒体在品牌价值、国际影响力和用户基础三个层面的优势，本研究选取 @美联社和 @华尔街日报中文网作为美国媒体新浪微博账户的代表进行分析研究。

英国文化在欧洲文化史中占有重要地位，也是媒体产业较为发达的国家之一。英国不仅拥有《泰晤士报》《经济学人》和《金融时报》等具有国际影响力的纸质媒体，而且拥有西方四大通讯社之一的路透社。《金融时报》是一家全球性的金融媒体，尤为重视发展中国地区的业务，FT 中文网是《金融时报》在全球市场开设的第二家外文网站，主要以中国读者为传播对象。路透社是欧盟国家中日发稿数量最多的国际通讯社，用户分布在世界128个国家，其通讯稿为许多英国本土媒体或境外国家媒体引用。因此，本研究在英国媒体新浪微博账户中，选取《金融时报》和路透社的新浪微博账户——@FT中文网和@路透中文网Reuters为研究样本。

日本是东北亚地区的重要国家之一。在历史上，中国文化曾对日本文化产生过极其深远的影响。如今，日本形成了独具特色的国家文化，在文化产业创意发展战略的支撑下逐渐形成了“酷日本”的战略思想，成为全球文化产业强国之一。日本媒体的新浪微博账户数量远远少于美国和英国等西方国家，《朝日新闻》的新浪微博账户因2013年7月17日发布了时任日本首相的安倍视察宫古岛的相关信息之后被封，@朝日新闻的微博粉丝人数曾高达68万。除了《朝日新闻》外，日本具有全国影响力的保守主义报纸《读卖新闻》和独立于政府之外的非营利性大型通讯社日本共同社的新浪微博账户至今仍然十分活跃，故笔者在日本媒体新浪微博账户中，选择@读卖新闻和@日本共同社为研究样本以分析当下日本文化对我国国家文化的影响。

韩国是东北亚地区的另一个重要国家。1998年亚洲金融危机后，韩国确立了“文化立国”的战略方针。如今已形成了集电视剧、电影、音乐和电子游戏于一体的“韩流”文化产业链。李克强总理在访韩期间曾向媒体表示：“韩国泡菜将摆上更多中国人餐桌。”[①] 韩国文化对我国文化的影响不言而喻。从粉丝人数上看，韩国电视媒体的新浪微博账户是中国粉丝最关注的对象。因此，选取一家韩国电视媒体的新浪微博账户作为研究对象具有一定的指向性。在韩国三大电视网SBS、KBS和MBC中，MBC和KBS等媒体均开设了新浪微博账户，SBS未出现新浪微博的认证账户。其中，KBS的新浪微博账户@myloveKBS的粉丝人数是MBC新浪微博@iMBC人数的近两倍，在中国的影响力较大。笔者在选取@myloveKBS作为研究对象的同时，选取

①《李克强：韩国泡菜将摆上更多中国人餐桌》，2015年10月30日，http://news.qq.com/a/20151030/064135.htm。

了韩国本土权威媒体《中央日报》的新浪微博账户 @ 韩国中央日报作为另一家韩国媒体的代表。

（三）样本分析的时间跨度

新浪微博在 2009 年 8 月 14 日开始功能内测，先后添加了 @ 功能、私信、评论和转发等功能。经过六年的发展，新浪微博现已成为全球用户最多的社会化媒体之一，且用户人数不断增加，开始从国内市场向国际市场拓展，以扩大中国社会化媒体的国际影响力。自 2010 年起，新浪微博成为各国公共外交的延伸，境外国家的政府要员、外交部门、媒体组织和无政府机构纷纷注册新浪微博账户，并通过实名认证，以期与中国用户直接进行交流，推广本土文化。在本文选取的八家境外媒体的新浪微博账户中，开设时间最早的是 @ 华尔街日报中文网（2009 年 9 月 23 日）。因此，研究起点选定为 2009 年 9 月 23 日，研究结点选定为 2015 年 9 月 23 日。但由于微博文本数量较大，受每个境外媒体新浪微博账户的开设时间和活跃阶段不同等现实原因的制约，除抽取 2013 年 3 月 31 日至 2014 年 3 月 31 日的 @ 美联社的微博文本和 @ 读卖新闻中国的全部微博文本外，其余六家境外媒体的新浪微博文本的抽样时段均为 2014 年 9 月 23 日至 2015 年 9 月 23 日。

二、研究方法

社会化媒体研究是近年来学界的研究热点，在已有的社会化媒体量化分析的研究成果中，国内研究者更侧重于对研究数据的观察和归纳总结，探讨微博的传播机制，但对社会化媒体文本的文化内涵缺乏深度剖析。从运用恰当的研究方法分析微博的文本关系到研究结论的科学性，本文以文本分析法为主，首先对八家境外媒体新浪微博账户的微博议题、微博数量以及微博内容等向度作出综合性的描述，以便较为全面地勾勒出境外媒体新浪微博账户呈现出的文化图景。其次，在其他理论的支撑下，从交叉学科的视角出发分析境外媒体新浪微博的文本特征，考察其在信息生产和用户消费的过程中对我国国家文化安全产生的影响，揭示全球化语境下境外媒体微博信息生产的动机和规律。

（一）文本分析法和内容分析法

本文以上述八家境外媒体的新浪微博账户为样本范围，分析其文字文本、图片文本和用户评论文本，不涉及视频等其他内容。自传播学引入中国至今，内容分析法是研究者分析文本、发现文本态度的重要研究方法，“可以凸显某段时间里对某一问题的态度的趋势，也可以对比不同媒体对同一类内容的处理情况”①。在分析境外媒体发布的新浪微博时，内容分析法无法探究微博发布者信息编码的隐藏意义。在分析用户评论文本时，也不能深层次地解构用户在微博文本编码时个人态度的转向。如果在研究过程中结合文本分析法则能进一步观察境外媒体微博文本中的文化内涵、意识形态以及舆论导向等问题，也能对编码者和解码者之间态度的协商、争辩或无影响的问题作出学理性的阐释。在对研究文本量化分析的基础上，笔者通过质化分析挖掘境外媒体新浪微博文本的文化意义建构、议程设置特点和态度趋势等问题，并将这些向度置于中国社会文化情境中，结合对中国用户评论的分析，探讨境外媒体信息生产者和中国本土信息消费者在信息互动过程中的文化冲突、协商或认同。

（二）叙事学分析法

境外媒体的微博文本是其归属国文化在中国信息市场中传播的物质载体。法国结构主义学者托罗多夫在 1969 年首次提出了“叙事学”这一概念，认为“主要是研究叙事文和故事之间的关系，叙事文和叙事行为之间的关系，以及故事和叙事行为之间的关系”②。叙事者、叙事话语、叙事视角以及文本中的修辞作用都可以用来表现不同的态度。各种媒体生产的信息总在不经意之间表达出国家的意识形态。本文以叙述学的相关研究方法为辅，阐释境外媒体微博文本的叙事框架，挖掘文化意义的建构过程。叙事学分析的理论体系是源自对文学叙事的分析基础，而微博文本的叙事特点有别于文学文本。因此，在研究过程中，应根据实际需要使用叙事学分析的相关

①〔美〕希伦·A. 洛厄里、〔美〕梅尔文·L. 德弗勒：《大众传播效果研究的里程碑》，刘海龙等译，中国人民大学出版社，2004，第 16 页。

② 张德寅编选《叙述学研究》，中国社会科学出版社，1989，第 191 页。

方法。本文通过对这些信息文本内容的解读，挖掘其中隐藏的态度和观念，试图勾勒出境外媒体微博的信息成分呈现出的异质文化图景。在解构用户对这些信息的评论文本中，探讨全球化语境下异质文化景观对我国国家文化的影响。

第二章

社会化媒体与国家文化安全

雷蒙德·威廉斯指出："关于文化的（当代）用法，常见的大致上有三个，即用来'描述知识、精神与美学发展的一般过程'；也可以是用来勾勒'一个民族、一个时期、一个团体或整体人类的特定生活方式'；或是用作指涉'知识，尤其是艺术活动的实践及其作品'。"[①] 在当代社会中，以各种形式存在的国家文化是民族国家向心力的内核，也是综合国力竞争的关键因素。纵观媒介发展的历史进程，传播媒介的每一次变革都对世界信息传播格局产生着深远影响。社会化媒体的出现适宜了后现代社会生活的信息需要，在融合传统媒体传播优势的基础上，社会化媒体成为当下全球信息用户获取新闻资讯和文化娱乐的首要途径。受众消费行为的改变促使信息生产者不断调整传播策略，进而导致了文化全球传播的方式发生了改变。全球化使文化间的交锋与碰撞也日益加剧，而社会化媒体的出现重置了全球信息传播格局，使民族国家面临着更为复杂的文化发展环境。作为文化全球传播的新介质，社会化媒体对提升国家文化的全球传播效能有着不可估量的作用。境外媒体的中国社会化媒体账户使我国的社会化媒体更具国际话语场的特征，也让我国国家文化安全面临新的挑战。

① R.Williams, *Keywords A vocabulary of culture and society* (Revised edition), (London:Fontana, 1983), pp.90.

第一节　社会化媒体对全球信息传播格局的影响

信息传播活动自人类社会诞生起就与社会生产力的发展密切相关。传播媒介的变革是信息传播活动适应人类社会生产力发展的客观呈现。从远古时期的口语传播到新世纪的社会化媒体传播，传播媒介的变革不断打破人类社会信息传播的疆域，提升信息传播的速度，推动信息在不同层面的多向流动，促进了全球信息传播格局的形成，推动了文化在不同空间中的传播。进入新世纪以来，起源于美国的 MySpace、YouTube、Facebook 和 Twitter 等社会化媒体在短时间内迅速成为全球用户接触和消费信息的新渠道。在传统媒体的功能特点上，社会化媒体结合了虚拟化的人际传播功能，使国际信息能够直接对本土用户产生影响。在一系列全球重大突发事件中，社会化媒体成为越来越多的全球用户获取信息、了解事件发展和参与舆论建构的平台。由于历史发展的原因，发展中国家的传统媒体发展进程落后于西方发达国家，但社会化媒体的开发与运用几乎与西方发达国家处在同一起跑线。社会化媒体作为当下各国用户使用频率最高的日常媒介，在文化全球化传播中的作用也不可小觑。中央全面深化改革领导小组第四次会议中明确指出："着力打造一批形态多样、手段先进、具有竞争力的新型主流媒体，建成几家拥有强大实力和传播力、公信力、影响力的新型媒体集团，形成立体多样、融合发展的现代传播体系。"与社会化媒体的融合发展已成为传统媒体提升国际传播力的发展策略，打造具有国际传播力的媒体集团也是国家参与全球文化活动的必然途径。

在传统媒体时代，大众传媒就已成为各国在综合国力竞争中的战略手段。在以广播、电视和报纸等传统媒体构建的全球信息传播格局中，以美国为首的西方国家凭借资本和技术的优势在传统媒体时代就已经形成了有利于西方文化传播的媒介体系，牢牢地把握着国际话语权，形成了不平衡的全球信息传播格局。传统媒体生产的文化产品是西方发达国家向发展中国家实施影响的文化载体。跨国媒介的资本化运作加速了西方发达国家的文化输出，承载着西方文化和意识形态的新闻信息、影视剧和物质消费品在全球范围内的快速流动，扩大了西方文化的全球影响力。全球信息传播格局的平衡与否直接关系到各国的国家利益，联合国教科文组织在 1980 年发布的《多种声音，一个世界》的报告中曾指出："个别传播大国对世界信息流通系统的支配是推行文化扩张主义的过程，而发展中国家的牵制和反抗是抵制文化侵略的过程。"① 全球信息传播格局正如沃勒斯坦在"世界体系理论"中描绘的那样，呈现出"中心—半边缘—边缘"的文化信息流动模式。尽管发展中国家极为重视传统媒体传播体系的建设，以期打破全球信息传播的不平等格局，为本国争取国际话语权，构建有利于国家发展的国际舆论环境。但受制于资本、技术和人才等多种因素，发展中国家在以传统媒体为主的全球信息传播格局中长期处于边缘或半边缘的位置，始终是西方发达国家文化输出的对象，国家文化的独特性面临着被异质文化影响的危机。

经济全球化推动了全球商业模式的变革，社会的信息需求量增大，受众对文化产品的消费欲望更加强烈。但社会化媒体的出现改变了国家、社会、受众和文化四者之间的关系，异质文化的全球流动方式更为多元，西方文化全球传播的渠道更加丰富。由传统媒体构建的媒介体系发生了重大变革，传统媒体和社会化媒体形成了共生发展的新格局。在技术发展和社会需求的双重作用下，社会化媒体弥补了传统媒体的技术缺陷，具有更能适应当下信息社会消费需求的功能特点。社会化媒体的传播特点是改变全球信息传播环境的内在动因，本文认为社会化媒体的功能特点主要体现在以下五个层面：

首先，社会化媒体在社交性和反馈机制上有别于传统媒体。社交是社会化媒体的本质属性，用户通过社会化媒体建立拟态化的人际关系。社会化媒体用户更愿意接触来自朋友圈分享的信息碎片，而碎片化的信息文本加大了用户在检索时的难度。在社会关系的作用下，看似随意的日常聊天内容更易

①〔爱尔兰〕肖恩·麦克布赖德：《多种声音，一个世界》，中国对外翻译出版社，1981。

影响处于同一文化圈层中的社会化媒体用户，潜移默化地影响社会化媒体用户对信息的接触、判断和选择。社会化媒体更加完善的反馈机制减少了信息从用户生产到用户消费的过程中需要消耗的时间，弥补了传统媒体受众反馈方面的短板。用户评论、转发和点赞等指标体现出的传播过程中可能存在的问题，能够帮助信息生产者及时调适传播策略以提升传播效果。社会化媒体人际传播的特点能够拉近跨国用户之间的时空距离，而其反馈机制则有助于改善无效传播的问题，弥补传统媒体跨国传播反馈机制的不足。

其次，社会化媒体打破了政府和传统媒体构建的垄断性话语格局，让其他群体有机会参与社会话题讨论。社会化媒体开放式的传播环境吸引了不同社会阶层用户的广泛参与。在用户参与信息生产和舆论建构的过程中，传统媒体语境下的受众被赋予了信息生产的权力，从被动的信息接收者变成了主动的信息生产者和消费者。社会化媒体既是用户信息接触行为发生的场域，又是用户表达个人观点的平台，用户社会身份的多样性以及社会化媒体断点式的即时传播特性使网络舆论的引导和组织情况更加复杂。处于事件焦点的用户都有可能成为社会化媒体中的信息把关人或舆论领袖，传统媒体、政府组织和社会精英对信息的控制能力不断被削弱。社会化媒体用户多元化的特点为他国用户进入某国的观点市场提供了可能，信息生产的准入度大大降低。

第三，社会化媒体相对“去中心化”“去政治化”和“去国界化”的媒介特征构建了新的跨文化传播空间。在全球化语境下，跨国媒体集团的信息生产具有地缘政治色彩。在传统媒体时代，西方发达国家用低廉甚至免费的价格将最能体现西方文化的信息产品输出到发展中国家。虽然发展中国家早已意识到异质文化输入对本国文化产生的影响，但是他们仍需购买西方的文化产品来满足本土市场的文化消费需求，西方发达国家的文化产品成为发展中国家受众了解外部世界的重要来源。社会化媒体形成了“人人都是麦克风”的自媒体传播格局，境外媒体信息的传播行为更为隐蔽。在符合法律法规的前提下，社会化媒体信息的精准推送也使境外媒体生产的信息能够更准确地推送到每位用户的移动客户端，打破文化传播的时空瓶颈，在“去国界化”的虚拟传播空间中，通过“去政治化”的信息生产着更能满足普通用户信息消费诉求的文化产品，消解着传统媒体传播中的中心主义，为不同文化背景下的信息交流提供渠道。全球信息传播格局也因社会化媒体的参与而大为不同。

第四，社会化媒体中信息力量的竞争尤为明显，网络骂战中隐藏着文化安全问题。从崔永元和方舟子的“转基因骂战”到“何炅吃空饷骂战”再到“小学生世纪骂战”，一些富有争议性的社会事件经过社会化媒体的曝光发酵后，容易演变成网络讨论的热门话题。争论的焦点使参与网络讨论的用户分化为两个阵营，左右社会舆论的导向。对不参与网络争论的围观用户而言，在信息接触和消费的过程中，从众心理会使他们点赞或转发，提升了网络话题的热度。社会化媒体用户对特殊事件的参与式讨论推动了社会化媒体中各种信息力量的形成，使社会化媒体不再只是一种传播工具，而且成为信息力量角力的话语场。社会化媒体引起的网络骂战容易演化成网络暴力或线上（下）群体性事件，容易诱发国内外的各种社会风险。

最后，社会化媒体成为全球媒介事件传播的新场域。以 2012 年的美国总统大选为例，美国总统奥巴马利用社会化媒体赢得了众多年轻选民的选票，被称为人类历史上的第一位社会化媒体总统。就在同一年，兼具传统媒体声画实时传播特点的社会化媒体在伦敦奥运会的报道中大放异彩，社会化媒体生产的海量赛事报道信息、网民的个人评论以及高频率的信息转发行为使伦敦奥运会成为人类历史上的第一次“社会化媒体奥运会”。在这类媒介事件中，社会化媒体因传播的深度和广度引发了更多国际媒体的关注，越来越多的跨国媒体将国际传播活动的重心转移到社会化媒体平台上，以实现国际信息的本土化落地。中国普通用户在全球化和本土化媒介事件中的信息参与往往能够改变事态发展的趋势。社会化媒体也因此成为改变全球信息传播格局的重要力量。

社会化媒体结合了传统媒体声画实时传播的优势，缩短了信息从生产到消费之间的时滞，打破了信息传播的时空藩篱，模糊了民族国家间的传播界限，弱化了地缘政治对信息传播的影响。从传统媒体到社会化媒体，传播意识的崛起促使传统受众主动检索和消费信息，从而刺激了受众生产信息的欲望，使社会化媒体的用户群体更具多样性的特点。美国前国务卿希拉里曾在一次讲话中直接指出："我们还支持开发新工具，使公民能够避开政治审查而行使其自由表达的权利。我们正在为世界各地的团体和组织提供资金，确保将这些新工具以当地语言版本提供给需要的人，并为他们提供安全上网所需的培训。"① 自互联网技术应用以来，以美国为首的西方国家十分注重拓展自身在全球信息传播中的权力空间。社会化媒体作为新媒体的重要组成部分，也是当下世界各国提升文化软实力的理想路径。

社会化媒体改变了传统媒体受众接触信息的习惯，传统媒体不再是用户获取权威信源的唯一途径。与"看报纸""看电视"和"听广播"等传统媒介消费行为相比，"发微博""转发微博"和"发朋友圈"等社会化媒体使用行为已是当今受众消费信息的新形态。在全球化语境中，传统媒体仍是权威信息生产的主要媒介。然而，社会化媒体对传统媒体行业的冲击却是不争的事实。社会化媒体凭借自身的优势打破了文化全球化的时空屏障，分流了传统媒体的用户资源。传统媒体保持着多年来积累的受众优势，但仍需要通过与社会化媒体的融合发展来适应不断变化的全球信息传播环境，满足后现代社会用户的信息消费诉求。用户媒介使用行为的改变迫使传统媒体纷纷寻求转型的出路。美国最有影响力的《纽约时报》在宣布停止纸质版印刷的同时，基于博客新闻网站而兴起的《赫芬顿邮报》却异军突起，受到网民的追捧。传统媒体通过网页版的出版或开通社会化媒体账户维系其在传统媒体时代积累的媒体公信力。社会化媒体使用让世界变得扁平化，各国本土社会化媒体的快速发展也为境外媒体信息的本土化落地提供了便利。全球信息传播格局因社会化媒体的出现而改变，文化传播的全球化趋势更明显，文化传播的疆域更广阔。

从全球信息市场的现实情况来看，越来越多国家用户的社会化媒体使用行为看似颠覆了全球信息传播的不平等格局，呈现出国家之间信息传播平等

① 霍文琦：《微博：宣传思想文化的新阵地——访中国人民解放军国防大学李殿仁中将》，《中国社会科学报》2013 年 6 月 7 日。

的幻象。实际上，在当下全球信息传播格局中，西方发达国家仍然占据着主流话语权，发达国家与发展中国家之间的信息鸿沟仍然存在。全球社会化媒体构建了新的跨国文化传播空间，也为全球各国的文化交流寻求到新媒介。发展中国家的用户在社会化媒体使用的过程中，被赋予了参与全球问题讨论的权利，这也使全球社会化媒体中出现了多种文化背景下的话语体系。国际媒体的社会化媒体账户依托于国际媒体的公信力，在国际重大突发事件中往往会成为我国普通用户追逐的对象。用户主观的认为媒体公信力高的国际媒体发布的信息比我国本土信源更具权威性。一些不具备国际新闻生产能力的国家，通常直接引用国际媒体的社会化媒体信息为本国用户提供国际新闻服务。地方性事件在社会化媒体的催化下能够迅速成为国际社会关注的焦点，国内事件和国际事件之间的界限因用户的社会化媒体使用行为变得模糊，任何人都可以通过社会化媒体演变为传统媒体的信源，任何事件在社会化媒体的催化下都存在演变为国际事件的可能性。尼尔·波茨曼认为“媒介即隐喻”，一切传播媒介都有自己的偏向，包括情绪的偏向、政治的偏向、感知的偏向、社会的偏向和内容的偏向，媒介以隐喻的形式影响着我们的生活。[①] 技术和资本的优势让以美国为首的西方发达国家在掌控着全球媒介资源的同时，将具有西方价值观的信息传播到世界的每一个角落，以各种媒介形态向其他国家实施文化影响。

目前，全球社会化媒体产品中的绝大多数来自美国。Facebook 2014 年发布的用户报告中指出，Facebook 的月活跃用户达到 13 亿，如果算上与 Facebook 业务相关的 Whatsapp 和 Instagram 的用户则可能达到 22 亿，约占全球总人数的 1/3。皮尤研究中心的“Social Media Update 2014”[②] 研究中指出，尽管 Facebook 用户的增长速度放缓，但其仍是世界范围最受欢迎的社会化媒体。与其他社会化媒体相比，Facebook 拥有更多的忠实用户。由此可见，美国的社会化媒体在全球信息市场中拥有大量的忠实用户，形成了以美国为

①〔美〕尼尔·波茨曼：《娱乐至死》，章艳译，广西师范大学出版社，2004。

②“Social Media Update 2014”，2015 年 1 月 9 日，http://www.pewinternet.org/2015/01/09/social-media-update-2014/。

技术主导、话语主导和文化主导的全球信息市场。从各国社会化媒体的全球影响来看，美国的社会化媒体在发展过程中冲破了本土化市场，成为国际主流社会化媒体，这也使西方发达国家继续延续其在传统媒体时代奠定的话语优势。在美国社会化媒体风靡全球的现实挑战下，世界各国也开始在模仿美国社会化媒体的基础上研发本土化的社会化媒体产品，但这类社会化媒体应用多成为美国等发达国家实施文化影响的新平台。

社会化媒体对全球信息传播格局产生着深刻的影响，使全球信息传播格局呈现出传统媒体与社会化媒体并存的二元结构。传统媒体并未因社会化媒体的出现而消亡，而是积极实现与社会化媒体的融合发展，社会化媒体则不断开发出适应全球用户消费习惯的应用程式来提升用户的消费体验，以保持其在全球媒介体系中的优势地位。社会个体、国家政府、跨国媒体、跨国公司和社会组织之间的联系更为紧密。传统媒体和社会化媒体之间相互设置议题，用户在信息消费中产生情感上的共鸣，从而提升了不同用户群体之间的社会化媒体议题互动的频率，催生出大量的网络热门事件，加深了全球社会的信息风险程度。但从现实层面来看，以美国为首的西方发达国家拥有一批在全球享有高公信力的跨国媒体。在品牌效应的支撑下，这些西方文化背景的跨国媒体的社会化媒体账户仍然作为权威信源而存在，是全球社会化媒体用户关注的信息焦点。发展中国家也在积极开发社会化媒体技术，形成本土化的社会化媒体话语空间，为本国用户提供观点讨论的市场，也有利于本国政府和权威媒体传播符合国家利益的信息。在发展中国家普遍使用的本土社会化媒体中，西方发达国家的跨国媒体以境外媒体的身份参与这些本土社会的话语建构，形成了从西方到全球再到本土的文化传播路径，多位一体的把握着国际话语权，既引导着国际舆论，也参与着其他国家的本土舆论生产。作为本土社会使用人数最多的社会化媒体，发展中国家的社会化媒体却并未成为国际社会普遍使用的社会化媒体。以美国为首的西方发达国家把握着传统媒体和社会化媒体的双重话语权，并不断扩大其在世界各国的文化影响力，提升西方文化对他国用户的文化吸引力。

第二节 社会化媒体与国家文化安全概念的延伸

冷战过后，国际政治环境更加复杂，信息传播环境的变革使文化成为全球化时代大国博弈的新领域。萨义德曾指出："文化成为一个舞台，各种政治的、意识形态的力量都在这个舞台上较量。文化不但不是一个文雅平静的领地，它甚至可以成为一个战场，各种力量在上面亮相，互相角逐。"① 国家文化安全是相对全球文化传播中的文化霸权问题而出现的概念。国家文化中呈现出的民族意识、价值观念和道德体系等是国家民众日常行为约束的规范，影响着民众对各种文化信息的解读方式和受异质文化影响的程度，而异质文化中的价值观等内容的传播关系到国家文化的安全，影响着民众对国家文化的认同程度。国家文化安全与国家政治安全、经济安全和信息安全等国家安全的多个向度具有不可割裂的内在联系。国家文化主权的安全与国家利益和民族存亡息息相关，国家文化的不安全会影响到国家民众对国家发展的信心，产生不稳定的意外因素，威胁到国家安全和社会稳定。因此，在落实国家安全观时，尤其要重视国家文化安全的问题。

国家文化作为软实力与国家文化安全之间形成了不可分割的内在联系。国家作为全球事务参与的基本单元，也是维系多种民族文化平衡的文化共同体。在宪法和法律制定的基本文化制度支撑下，文化基本制度的安全既是国家文化安全之本，也是民族国家文化独立发展的基本保障。在经济全球化的助力下，跨国媒体集团通过与本土社会化媒体的兼并整合，不断提升其国际影响力，极大地缩短了信息全球扩散的时间，拓宽了信息扩散的深度。国内信息在跨国媒体集团的传播中随时会演变为国际焦点，带来意想不到的舆论效果，使发展中国家的国家形象自塑更加困难。"信息和美国大众文化的传

① 〔美〕爱德华·萨义德：《文化与帝国主义》，李琨译，生活·读书·新知三联书店，2003，第 4 页。

播增进了美国观念和价值观在全球的认知和开放”，“信息革命的最终影响是，改变政治进程，在软、硬权力的关系中，软权力比过去更为重要”①。播出长达 13 年的 *Dallas*（中文译作《豪门恩怨》）曾被销售到全球 56 个国家，成为美国向世界其他国家输出美国文化价值观的成功典范。以美国为首的西方发达国家不仅通过影像产品的海外输出营造西方的人文景观，新闻资讯也是其传播西方意识形态的重要载体。在各种媒介传播途径的共同作用下，西方发达国家在传统媒体时代控制着世界上近 90% 的信息资讯，成为国际社会的舆论领袖。在全球性的社会化媒体中，85% 左右的内容以英语为主要语言，并以西方文化范式为主导，社会化媒体营造出全球文化平等交流的幻象，实则却成了西方发达国家文化输出的新途径。社会化媒体的出现和普及对国家文化安全的概念产生着客观影响，使我们不得不重新考虑国家文化安全的问题。

国家、媒体、跨国媒体集团、组织和个人的社会化媒体使用行为扩大了国家文化安全概念的内涵与外延，我们必须在全球化语境和全球媒体格局中重新考察国家文化安全的问题。在传统国家安全观的研究中，“文明冲突论”“文化帝国主义”“媒介帝国主义”“信息霸权”和“文化渗透”等论述中蕴含着国家文化安全的相关思想，但并未从学理层面清晰描述国家文化安全的内涵与外延。“国家文化安全”的概念在我国也尚未形成统一论述。1999 年，林宏宇首次提出文化安全的概念，文化安全的内涵是“本国文化的精神形态不受别国不良文化形态的影响与伤害，保持本国文化固有的继承性与民族性”②。朱传荣着重探讨了文化安全在“新国家安全观”中的地位，认为“文化安全就是指一个主权国家保证其文化的性质得以保持、文化的功能得以发挥，文化利益不受威胁和侵犯的能力与状态。文化安全的核心是意识形态与价值观的安全”③。胡惠林认为国家文化安全的概念内涵十分丰富，

①〔美〕罗伯特·基欧汉、〔美〕约瑟夫·奈：《权力与相互依赖》，门洪华译，北京大学出版社，2002，第 264–272 页。

② 林宏宇：《文化安全：国家安全的深层主题》，《国家安全通讯》1999 年第 8 期。

③ 朱传荣：《试论面向 21 世纪的中国文化安全战略》，《江南社会学院学报》1999 年第 1 期。

应“坚持有所为有所不为的原则，确定以国家利益为最高”[①]，并特别指出在全球化的时代背景下，更应重视国家文化安全和文化产业发展之间的必然联系。潘一禾认为，国家文化安全是民族国家的“基本价值”和“文化特性”在全球化过程中不受威胁，仍能保持国家文化特质的独立性，包括民族语言和信息传播过程中的安全。[②]这些学者从不同视角阐释了国家文化安全的内涵和外延，但是并未对国家文化安全作出明确的界定。

随着国家文化安全研究重要性的凸显，我国一些学者尝试着对国家文化安全作出学术界定。石中英指出国家文化安全应是“主权国家的主流文化价值体系以及建立于其上的意识形态、社会基本生活制度、语言符号系统、知识传统、宗教信仰等等主要文化要素免于内部或外部敌对力量的侵蚀、破坏和颠覆，从而确保主权国家享有充分完整的文化主权，具备同国家政治、经济发展协调一致、良性互动与不断创新的文化系统，并在人民群众中间保持一种高度的民族文化认同”[③]。在结合国家文化要素的基础上，这一定义涵盖了我国国家文化体系中的绝大多数文化要素，包括语言符号、宗教信仰、意识形态和生活方式，也考虑到了文化主权对国家综合发展的影响，但并没有将国家文化价值观纳入其中。刘静波对国家文化安全的理解更为直接，认为国家文化安全是一国在文化、精神生活方面不受外来文化的干扰、控制或同化，从而保持本民族的价值观念、生活方式的民族性以及本国意识形态的自主性。[④]尽管研究国家安全的大多数文献中都有涉及文化安全或国家文化安全的论述，但大多数研究都将国家文化安全看作约定俗成的话语体系。

到目前为止，我国对国家文化安全的概念仍未形成权威的界定。这些研究成果从不同的视角对国家文化安全的各个层面进行了分析和解读，并在三个层面取得一致看法。第一，国家文化安全是一种文化不受外来文化威胁的安全状态。第二，国家文化安全是民族国家文化与其他文化进行互动交流时，

---

① 胡惠林：《文化产业发展与国家文化安全——全球化背景下中国文化产业问题思考》，《上海社会科学院学术季刊》2000 年第 2 期。

② 潘一禾：《文化安全》，浙江大学出版社，2007, 第 28 页。

③ 石中英：《论国家文化安全》，《北京师范大学学报》（社会科学版）2004 年第 3 期。

④ 刘静波：《21 世纪初中国国家安全战略》，时事出版社，2006, 第 225 页。

保持自身文化独特性和基本价值观的能力。第三，国家文化安全是国家文化主权和文化利益的集合体。研究者普遍认为全球化使民族国家文化安全的问题更加复杂，保护民族国家的价值观和意识形态不受威胁和侵害关乎国家存亡和民族发展，尤其需要指出的是，在这些研究中已有学者关注到全球化时代国家安全的重要性，特别是信息传播对国家文化安全的影响。

较为遗憾的是，这些论述并未考虑到社会化媒体对国家文化安全概念的影响。文化的交流与碰撞有赖于信息传播，社会化媒体是一种文化对另一种文化产生影响的最佳介质。文化元素作为国家文化精髓是最容易受到异质文化影响的微观层面内容。一个国家在历史发展和物质生产中形成的文化元素隐藏在民众的日常生活中。对社会个体而言，国家文化中的文化要素直接影响到他们的社会行为，包括思维方式、道德规范和行为准则。文化的交流与碰撞使国家文化元素在汲取异质文化元素时发展自我，使国家文化更适合当下精神文化发展的需要。但是，国家文化元素的内核一旦受到破坏或颠覆，则会影响到国家文化体系的根基，直接威胁到国家文化安全。

社会化媒体对国家文化安全的影响使我们有必要从以下四个视角去考虑全球化语境下国家文化安全的概念。第一，国家基本文化制度免受各种危机。第二，维护全球媒介空间中的国家文化主权和国家文化利益。第三，在与异质文化的交流中，应保持本国文化要素的稳定性和独特性，即民族语言、生活方式、语言符号、民族传统、民俗文化、宗教信仰、意识形态和核心价值观等不受外来文化的威胁。第四，认识到文化产业发展与维护国家文化安全之间的必然联系。最后，国家文化安全应是多民族的融合文化不受其他国家文化的威胁或颠覆。在上述分析的基础上，本研究对国家文化安全的界定如下：国家文化安全应指国家文化在与其他异质文化的碰撞中，能够保持自身的文化元素特性，不受任何媒介形态的文化影响，有能力使国家文化始终处于安全状态，从而维护国家文化主权的完整。笔者认为在理解国家文化安全时，应基于当下全球信息传播格局的改变，考虑到社会化媒体对国家文化安全的影响，维护网络空间的国家文化主权，尤其是要重视新浪微博这类已具规模并有大量境外媒体活跃用户的社会化媒体对国家文化安全的影响，充分保障人民群众的信息知情权和媒介使用权，提升人民群众对本国文化的认同程度，构建能够适合国家可持续发展的文化产业体系，积极参与全球化的文化竞争。

第三节　全球化语境下社会化媒体对国家文化安全的挑战

党在十七届六中全会《决定》中指出："进一步增强我国的文化软实力，推动我国文化产业的跨越式发展，切实维护我国的国家文化安全。"我党在十八届三中全会的《决定》中再次强调要"提高文化开放水平"，"切实维护国家文化安全"。2015 年 4 月，国家安全法草案中增加了"抵御不良文化渗透"的规定，"维护国家网络空间主权"被提到国家战略的高度。在全球信息传播活动日益频繁的今天，我国政府在分析全球文化交往现状的基础上，清晰地认识到网络空间中的国家文化安全问题在国家发展中的战略意义。

世界上现存的多种文化都能寻觅到与其他民族文化交融的踪迹，取其精华，去其糟粕是国家文化发展的历史态度，与优秀的文化元素结合，不断丰富自身的国家文化体系。国家文化是国家发展的精神基石，作为民族国家的生存之本和精神支柱，国家文化产生的社会凝聚力关系到民族国家的发展与稳定。联合国教科文组织在《世界文化多样性宣言》中对文化作了如下界定："文化是某个社会或某个社会群体特有的精神、物质、智力与情感方面的不同特点之总和。除了文学和艺术外，文化还包括生活方式、人的基本权利、价值观体系、传统和信仰。"文化是一个民族在时代语境变迁中形成的物质文明和精神文明的总和。国家文化对社会个体的影响多体现在微观层面，如公民的思维方式、价值取向、意识形态、生活方式和语言习惯等，尤其是约束公民的社会实践行为。从历史上看，传播媒介形态的变革不断打破着跨文化传播的时空限制，社会化媒体的出现使当代传播媒介体系的变革对全球文化传播环境产生了不容忽视的深刻影响，直接影响到文化文本的生产、传播与用户消费等方方面面。

人类进入现代社会后，国家间的文化传播不再局限于口语和文字的传播方式。现代媒介的出现扩大了国家文化的影响范围，国家文化之间的相互渗透更为频繁且隐蔽。冷战过后，一超多强的全球政治格局使西方国家的国家文化在跨国媒介集团的传播中成为全球文化，传播资源的不平等强化了强势文化对弱势文化的影响，威胁到了弱势文化的独特性和稳定性。亨廷顿认为在后冷战时期，国与国之间的竞争是文化的竞争，"后冷战时代世界政治的一个主轴是西方的力量和文化与非西方的力量和文化的相互作用"[①]。媒介体系和经济资本为西方文化的全球传播提供了物质基础，不少发展中国家都面临着国家文化被西方文化同质化的现实挑战。在全球化语境下，几乎所有的非西方民族国家都面临着国家文化安全的现实问题。跨国媒体集团的全球化运作为不同民族国家间文化的碰撞与融合创造了更多的机会，社会化媒体的使用推动了全球媒介体系的变革，以传统媒体业务为主的跨国媒体集团通过建立社会化媒体账户的方式向他国用户推广其文化产品。社会化媒体的传播特性拓展了文化全球传播的深度和广度，为西方文化背景下的跨国媒体集团带来了更多的忠实粉丝。

如今，西方发达国家仍然保持着传统媒体时代文化全球传播的优势地位，利用社会化媒体传播西方文化已成为西方国家向发展中国家文化输出的理想途径。国家文化和文化软实力之间的内在联系使越来越多的国家开始重视国家文化安全在国家安全体系中的战略意义，尤其是新兴媒介对国家文化安全的挑战与影响更成为当下的时代命题。社会化媒体在传播文化的同时，也加剧了网络空间的文化角力。发达国家和发展中国家之间的信息鸿沟不但没有缩小，反而进一步扩大。社会化媒体构建了多种文化交流的开放平台，也凸显了民族国家网络文化主权的紧迫性。"仅有国内网络并不能帮助美国实现垄断全球信息技术空间并获取超额剩余价值的战略，它需要建立一个可供美

①〔美〕塞缪尔·亨廷顿：《文明的冲突与世界秩序的重建》，周琪等译，新华出版社，2000，第8页。

国信息资本主义利用的、覆盖全球的网络平台。”[①] 基于互联网技术的社会化媒体是当下全球最炙手可热的个人传播媒介，任何用户都可以通过注册账户畅所欲言。以美国为首的西方发达国家掌控着社会化媒体的核心技术，为西方国家引导国际舆论提供了技术支持。美国曾在外交政策中明确表示“美国应利用自己庞大的软力量工具，把观念、意识形态、文化经济模式和社会政治制度投射出去”[②]，全球性社会化媒体使用消解了国家政府和传统媒体的信息把关职能，对一国的不利言论极易影响国家政局的稳定，影响到国家的社会发展环境。全球性社会化媒体中的不当言论使网络空间的文化主权问题更加复杂，也使社会化媒体成为威胁国家文化安全的新型媒介形态。

发展中国家为了抵御全球性社会化媒体使用中的文化风险，纷纷开发本土社会化媒体应用以满足本国用户的信息需要。在美国的 Facebook 迅速占领全球社会化媒体市场后，中国、印度、俄罗斯、日本、韩国和拉美地区的本土化社会化媒体先后上线，用户人数呈几何倍数速率增长。其中，俄罗斯本土社会化媒体 VKontakte 月活跃用户数量突破 1 亿人次。中国新浪微博的月活跃用户已达到 2.77 亿人次，是中国本土用户活跃度最高的社会化媒体。在社会化媒体形成的包容性网络空间中，各种文化身份的用户都具有平等的信息权利。境外媒体用户作为我国社会化媒体中的特殊用户群体，其生产的新闻资讯和文化娱乐信息不仅降低了异质文化输出的经济成本，还能更加精准的对我国社会化媒体用户产生直接的文化影响。

从现实上看，在社会化媒体构建的全球网络空间中，国家文化安全的问题变得更加紧迫。“妖魔化中国”的负面言论的传播场域从传统媒体向社会化媒体转移，社会化媒体中的国际舆论形态难以捉摸。异质文化在我国社会化媒体中的传播对我国文化方式、语言习惯、价值观念和价值判断等各方面的文化影响程度日益加深，异质文化在我国的文化渗透的问题仍然存在。在以美国为首的西方发达国家掌握着优势资源的现实情况下，传统媒体和社会化媒体的融合发展使媒介体系发达的西方国家兼具了传播渠道、传播内容和

① 杨剑：《开拓数字边疆：美国网络帝国主义的形成》，《国际观察》2012 年第 2 期。
② 范士明：《CNN 现象与美国外交》，《美国研究》1999 年第 2 期。

传播受众的三重优势，牢牢把握着国际话语权，成为国际舆论中的主流声音。在全球化语境下，国家文化与异质文化的碰撞与融合是利益与风险并存的动态发展状态。文化层面的精神力量是国家的生存之本，异质文化产品的输入应控制在一定范围内，文化贸易顺差是国家文化安全的考量标准。经济全球化促进了跨国媒体集团的发展，异质文化产品依托于多种媒介形态进入我国市场。除欧美地区的传统文化产业强国外，东北亚地区的日本和韩国对我国的文化产品输出问题也不可小觑。异质文化产品在我国的传播也是全球化时代特征的展现，但也是导致全球文化同质化的根源，为国家文化安全带来了多重风险。反观我国社会化媒体中的文化环境，虽然本土社会化媒体在本国拥有庞大的用户群体，但暂不能为本国塑造出有利的国际舆论环境。此外，我国社会化媒体中"呲必中国"的现象暴露了我国自身存在的文化安全问题。

境外媒体使用我国本土社会化媒体的行为提升了异质文化在我国传播的深度和广度，使我国国家文化与异质文化的交流更加频繁。境外媒体借助我国本土的社会化媒体发布信息是其文化渗透的另一种新形式。加之，境外文化产品仍在源源不断地向我国输入异质文化信息，形成了传统媒体和社会化媒体融合式的文化传播策略，对我国国家文化实施全方位的影响。社会化媒体弥补了传统媒体文化传播不能直接作用于用户个人的缺陷，更有利于其他国家、境外媒体和国际政要等用户群体的文化信息生产和传播。媒介技术的发展使全球信息文化传播格局发生了深刻变革，进一步影响到异质文化在全球虚拟空间中的传播态势，为文化渗透提供了新的途径，文化较量的方式和形式都不同于传统媒体时代。

第三章

新浪微博：社会化媒体对国家文化安全影响的案例

曼纽尔·卡斯特认为，“个人与集体存在的所有过程都直接受到新技术媒介的‘塑造’”[①]。新浪微博作为信息革命中的新技术媒介，对国家、组织、公司和个人等都产生着深刻的影响，尤其体现在个人的社会行为方面。可以说，新浪微博是全球化时代信息技术与人类社会行为相结合的良好范例。新世纪以来，社会化媒体的出现使全球信息空间呈现出扁平化的发展特点。从最初话题式讨论的 BBS 到一对多传播个人观念的博客，再到不拘泥于叙事风格且即时发送的新浪微博，社会化媒体的更迭速度让人惊讶。现在，Facebook、Twitter、新浪微博、微信和连我等社会化媒体在各国的开发应用，使社会化媒体的使用成为全球用户信息生产和消费的新常态，建立跨越国家、民族和文化的文化共同体已成为可能。“当今年轻读者在获取信息方式上的多样性，正是新型报道方式的催化剂。我们的读者已经不必等着报纸和杂志为他们做好半生不熟的新闻产品，他们完全可以自己下厨房。”[②] 互动性极强的新浪微博作为社会化媒体中的重要媒介形式，提升了用户检索和生产信息的能力，改变了用

① 〔美〕曼纽尔·卡斯特：《信息时代三部曲：经济、社会与文化——网络社会的崛起》，夏铸九、王志弘等译，社会科学文献出版社，2001，第 83 页。

② Gillmor, Dan, “Here Comes ‘we media’ ,” *Columbia Journalism Review, No.6* (2003):20.

户文化消费的方式。此外，新浪微博还打破了信息生产者和消费者之间的界限，用户在微博文本的生产中兼具了信息生产者和消费者的双重角色。在我国，新浪微博已成为用户获取新闻资讯、人际交往和文化娱乐的日常渠道。作为人类信息行为的延伸，新浪微博对社会发展和国家文化建构产生的影响都不同于过往的任何一个时代，对国家文化安全的影响方式也更为特殊。

第一节　新浪微博的起源与发展

作为社会化媒体媒介形态之一的微博最早起源于美国。2006 年，美国的埃文·威廉姆斯创建了当时世界上最早的微博客应用——Twitter。Twitter 对我国新浪微博的开发应用产生了重大影响，主要体现在新浪微博的功能设计方面。自 Twitter 上线运营之后，迅速吸引了美国用户的关注，美国本土用户人数成倍增长，并在极短的时间内成为全球使用频率最高的社会化媒体。据美国 Compete 公司的调研数据显示，2008 年 Twitter 的月独立用户访问量增长了 752%，截至 2008 年 12 月，Twitter 的月独立用户访问人数高达 443 万人次。仅 2008 年 12 月一个月内，Twitter 新增 100 万的月独立用户访问量。[①] 庞大的用户基础使 Twitter 在一系列重大国际事件中的动员功能得以凸显，成为改变全球文化传播格局的关键力量，先后引发了多个全球广泛关注的热门话题。2008 年 4 月，美国一名大学生因参与埃及马哈拉反政府抗议被逮捕，该事件迅速成为 Twitter 上的热门话题。迫于全球 Twitter 用户网络讨论形成的舆论压力，埃及当局于次日宣布释放该名学生。这一事件首次凸显了 Twitter 使用的全球舆论影响，为 Twitter 吸引了更多的全球用户。随后，奥斯卡颁奖晚会、美国总统大选和伦敦奥运会等媒介事件的 Twitter 直播，

①《2008 年 Twitter 用户访问量急增 752%》，2009 年 1 月 10 日，http://tech.qq.com/a/20090110/000061.htm。

改变了用户参与社会活动的方式，越来越多的用户借助于 Twitter 直接参与跨国文化事件的网络讨论。然而，真正体现出 Twitter 的强大国际影响力的时间却是 2009 年 6 月的伊朗总统大选。这场具有争议的政治活动引发了伊朗民众的不满情绪，导致伊朗国内爆发大规模的示威游行活动。伊朗政府为了避免事态的进一步恶化，封锁了对事件的国内报道。伊朗的 Twitter 用户发布的海量推文却使该事件立刻成为全球关注的焦点。这一事件既体现了 Twitter 新闻即时传播的信息功能，又体现出其社会动员的文化功能。美国《时代》周刊认为 2009 年的伊朗大选是“Twitter 的重要时刻”，“Twitter 革命”成为社会化媒体全球影响的真实写照。在短短的五年时间内，Twitter 发展成为全球性的社会化媒体，对国际事件的发展态势起到了决定性的影响。鉴于 Twitter 在众多国际事件中体现出的传播力和影响力，其他国家逐渐重视微博这种传播媒介对社会的变革性作用，开始引用 Twitter 的设计思路开发本国社会化媒体。

2007 年前后，我国互联网服务商就已关注到 Twitter 的商业价值，国内先后出现了饭否网、叽歪网和腾讯滔滔等类似于 Twitter 的社会化媒体。这些早期的社会化媒体以社交功能为主，为用户发布个人心情提供了平台，还不具备传播新闻资讯和娱乐信息的文化功能。

中国早期的微博客是一种小众性的文化消费行为，多是亚文化群体用户交流性的虚拟空间，用户人数不具规模，社会声誉度不高。这些早期的中国微博在市场竞争、政策法规和用户人数削减等因素的制约下被迫结束线上运营服务，逐渐淡出了用户的视野。2009 年新浪、腾讯、网易和搜狐四大门户网站微博服务的运营标志着我国社会化媒体的兴起。新华网、凤凰网和人民网等其他传统媒体也注意到微博在媒介融合时代的传播功能，在基于新闻网站的平台上开通了微博功能。这类微博与门户网站的微博服务不同的是，它们更侧重于微博评论功能的运用，而不是信息的分享和人际互动的社交功能。

在微博品牌竞争中，四大门户网站的微博业务并未形成齐头并进的发展趋势，网易微博于 2014 年 11 月宣布正式关闭，搜狐则决定积极拓展搜狐视频业务，2015 年腾讯公司表示将运营重点从腾讯微博向腾讯微信转移。网易、搜狐和腾讯三家门户网站微博业务的转向使新浪微博成为当下中国发展最为成熟的社会化媒体市场。上线时间最早的新浪微博以坚实的用户基础和完善的服务功能成为我国最具社会影响力的社会化媒体。一系列社会事件奠定了新浪微博的舆论引导力，使微博成为普通用户话语赋权的渠道。“我爸是李刚”成为对社会公权滥用的真切描述，江西拆迁女直播强拆及谈判的各种环节引起了全国用户对“强拆”话题的讨论。“小悦悦”“7・23 甬温动车”和“哈尔滨水价听证”等事件的微博热议提升了用户对社会事件的关注度，在各种社会事件中展现了社会化媒体在社会、政治和文化层面的媒介影响，凸显了新浪微博的变革性力量。“随时随地分享身边的事儿”的新浪微博深深地嵌入中国网民的日常生活，“围观改变中国”使其成为 2009 年至今中国最大的观点市场。因“围脖”与微博同音，新浪微博的广泛使用使“今天你织围脖了吗”成为 2009 年的网络流行语，这八个字是中国网民信息使用行为的真实体现。2013 年新浪微博月活跃用户为 1.29 亿，2014 年月活跃用户为 1.757 亿，而 2015 年新浪微博月活跃用户人数增长到 2.12 亿，2016 年新浪微博月活跃人数达到 2.97 亿。[①] 不断更新换代的其他社会化媒体分流了新浪微博的部分用户，但这一数据不难看出，新浪微博的用户人数并未受到其他社会化媒体的冲击，月活跃人数在近四年内仍保持着增长的态势。由此可见，新浪微博经过六年的发展已成为我国社会化媒体中最具代表性的微博品牌。

第二节　对新浪微博的学理性探究

一、对新浪微博概念的理解

尽管早在 2007 年，中国就已出现了类似 Twitter 的微博客应用，然而微博真正引起中国网民的广泛关注和参与却是在新浪微博正式上线运营之后。

---

①《微博衰落是假象数据显示新浪微博活跃用户增长到 2.1 亿》，2015 年 8 月 19 日，http://mt.sohu.com/20150819/n419279809.shtml。

在新浪微博出现后的六年间，使用新浪微博成为社会个体最普遍的信息消费行为。新浪微博改变了我国由传统媒体构建的传播环境和社会信息流动的方式。较其他类型的社会化媒体而言，新浪微博对中国社会结构产生了变革性的影响，构建了当下中国最重要的舆论话语场，为普通用户的自我表达开辟了新路径。可以说，新浪微博的出现让更多人不再是网络中沉默的大多数。国内对新浪微博的研究大致分为以下三类：

第一类是从传播学视角出发探讨新浪微博的传播现状、传播模式和传播特点，这些研究几乎都以新浪微博作为研究对象。孙卫华和张庆永的《微博客传播形态解析》是国内最早对微博展开论述的学术研究，"微博客这一概念译自英文单词 micro-blogging，是博客的一种变体，用户可以通过手机、IM（如 QQ、MSN、Gtalk 等）、Email、Web 等方式向个人微博客发布短消息，文本内容通常限制在 140 字符（70 个汉字）之内"[①]，这篇论文从微博传播形态的视角对微博的概念作出界定，并指出微博与其他社会化媒体之间的联系与区别。杨晓茹的《传播学视域中的微博研究》认为，新浪微博的传播特点在于"用户草根化、具有强烈的寂寞倾诉倾向、内容微小化、介质移动化、信息交互和传播碎片化"[②]。微博的文本呈现出碎片化和个体化的叙事特征，用户群体的草根性更加突出，微博的媒介特点使其在国内外重大突发事件中的信息裂变速度更快，甚至影响到传统媒体的媒介议程。刘兴亮认为，微博 UGC 式的信息生产模式极大地缩短了信息从生产到传播过程中所消耗的时间。[③] 信息从生产到传播再到被二次传播都实现了零时间，构建了一种基于社交关系的传播模式，呈现出广播式的信息传播方式，引起了用户对微博的使用兴趣。这类研究成果描述了微博作为一种传播方式的基本概念，归纳总结了微博的传播特点、用户和信息文本的典型性特征。

第二类是新浪微博的功能研究，包括微博的政治功能、文化功能和信息传播功能等，这类研究多从传播学的视角解析了新浪微博的功能特点。喻

---

① 孙卫华、张庆永：《微博客传播形态解析》，《传媒观察》2008 年第 10 期。
② 杨晓茹：《传播学视域中的微博研究》，《当代传播》2010 年第 2 期。
③ 刘兴亮：《微博的传播机制及未来发展思考》，《新闻与写作》2010 年第 3 期。

国明归纳总结了微博的信息功能，即交互性和便捷性的信息发布与获取，在“关注与被关注”的模式中强化和维护人际关系，多样化的网络应用提升了微博的用户粘性。[①] 张曼缔指出，微博在互联网传播模式的基础上具有更多的个性化特点，改变了传统的传播格局，开创了社会交往的新模式。[②] 微博为更多普通人进入虚拟公共领域提供了便利，更有利于提升公众的政治参与度。刘丽清从沉默的螺旋和议程设置的理论视角解构了微博的传播特性，认为微博为沉默的大多数提供了发声的机会，热门话题的设置构建了虚拟公共领域。[③] 张志安和贾佳认为微博具有“推动突发事件、设置公共议题、聚集社会资源、生成公共舆论”[④] 方面的功能。任孟山和朱振明认为“微博问政”搭建了政府与群众互动的通道，“在社会动员与力量组织方面产生了巨大的集体效应”[⑤]。这类研究普遍认为微博具有社会动员、议程设置、舆论引导和监督等功能，对社会的政治、文化和经济发展产生着潜在影响。“公众参与不只与技术环境有关，而且更与政治、社会制度有关。”[⑥]

第三类是基于新浪微博技术属性的视角，分析社会个体使用新浪微博时受到的影响，特别是从社会学和心理学视角展开的相关论述具有重要的学术价值。在这类研究中，研究多聚焦于社会某一类群体，对其微博使用行为及影响展开分析，如大学生、弱势群体、政府机构或草根用户等。刘春雁在对大学生微博使用的效果研究中，归纳了微博使用的积极效应和负面效应，丰富的微博信息能够增加大学生的社会知识，有利于他们释放学习、生活压力。微博使用同时存在削弱大学生自控能力、使大学生自我中心主义和个人意识膨胀等问题，尤其是使大学生更容易受到微博中各种思潮的影响。[⑦] 也有学者认为，微博文化能够从多个层面满足青少年的信息消费需求，包括信息消

① 喻国明：《微博价值：核心功能、延伸功能与附加功能》，《新闻与写作》2010 年第 3 期。

② 张曼缔：《多重视角下的微博功能研究》，《传媒》2012 年第 3 期。

③ 刘丽清：《微博虽“微”足值道尔——微博特性之浅析》，《东南传播》2009 年第 11 期。

④ 张志安、贾佳：《中国政务微博研究报告》，《新闻记者》2011 年第 6 期。

⑤ 任孟山、朱振明：《试论伊朗“Twitter 革命”中社会媒体的政治传播功能》，《国际新闻界》2009 年第 9 期。

⑥ 徐贲：《通往尊严的公共生活：全球正义和公民认同》，新星出版社，2009，第 182 页。

⑦ 刘春雁：《大学生微博使用状况的调查与思考》，《思想理论教育》2011 年 2 月上。

费带来的心理满足，对社会的认知需要和构建文化认同的需求。但其中一些低俗的信息也是青少年不良行为的诱因。微博的使用正是“公共领域里每一个人用他的人格和行动证明自己的价值”①。这类研究认为新浪微博正如汉娜·阿伦特在公共领域理论中描述的话语空间那样，标志着小众话语向大众狂欢的转变，社会个体的微博使用增强了人际互动，在文化交流中强化了社会个体的某种认同感和群体归属感。

新浪微博的内涵和外延在不同的学术视角中呈现出不同的特征。在微博使用成为中国网民日常行为的今天，对微博的界定和理解不应局限在经验性的描述上，而应从其社会功能的层面出发，深入解读其变革性的社会意义。在这些核心论点的基础上，笔者认为新浪微博是一种通过移动设备实现用户自主生产信息内容的信息分享式媒介形态。用户不受叙事风格的约束，在不超过 140 个字符的信息文本中实现随时随地编码发布信息、转发或评论他人观点。在此过程中，我们实现了人际互动、文化认同、政治参与和表达自我等多种社会功能。微博使用正在以一种新的方式重构中国民众获取知识的方式，“围观改变中国”使微博中的文化狂欢仍在继续，多个用户群体的微博使用行为也使微博中的文化环境更加复杂。

二、对新浪微博传播机制的解读

从 2009 年至今，新浪微博经过了短暂的市场适应期后迅速成为影响范围最广的社会化媒体，并呈现出井喷式的发展态势。新浪微博在关注和被关注的虚拟人际关系中，不受叙事的限制，能够随意插入图片或视频信息。任何用户都能够在不受时空限制的条件下，随时随地发布自己的所见、所闻和所感。新浪微博不仅能够生产信息和观点，而且可以记录用户个人的心情和人生感悟，不受固定文本样式的限制，随意性极强。与其他社会化媒体相比，新浪微博更注重观点的发布，传播形态、用户群体和文本内容更具个性化的特点，是最能体现出文化碰撞与融合的社会化媒体。

① 〔美〕伊丽莎白·扬－布鲁尔：《阿伦特为什么重要》，刘北成、刘小鸥译，译林出版社，2008，第 59 页。

在传统媒体时代，各种媒介组织是社会信息传播的行为主体，其根据社会发展的需要和社会个体的信息诉求收集并过滤信息，通过编辑制作等信息加工方式向大众传递信息，达到预期的影响效果。在传统媒体构成的单向线性的传播模式中，受众的信息选择主动权主要体现在四个层面：1. 对媒介形态的选择权，即选择是通过广播、电视、报纸或杂志中的某种媒介形态接收信息。2. 在已选择的媒介形态内选择能够满足个人信息诉求的信息，即收看电视的某个频道中的某个节目；阅读报纸某个版面中的新闻消息或收听广播某个频段的节目。3. 受众在面对相同信息内容时，选择最符合自己信息接收行为习惯的媒介形态或媒介品牌。它可以是官方媒体、社会知名人士和著名节目品牌等权威信源，也可以是来自个人社交圈的小道消息。4. 传统媒体在信息把关的基础上，通过对传播内容的议程设置缩小受众信息选择的范围，包括通过品牌节目的效应吸引受众的观看，运用知名人士的舆论领袖效应传播信息。受众在选择这类信息时，则自动过滤掉了其他内容。整体看来，受众在信息传播过程中享有一部分的信息选择权利，但并不具备信息生产和大众传播的信息权利。

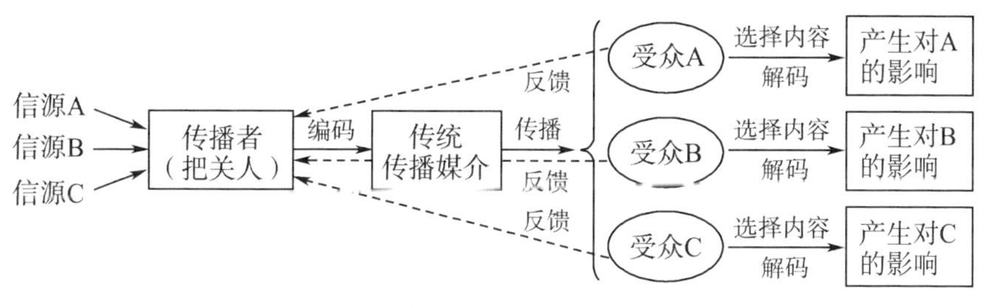

图 3.1　传统媒体的传播形态模型

受众在进行信息解码时，他们接触到的信息实际上已经过多层的把关过滤，所获知的只是某个视角的事实，在对多个信息碎片进行整理和重组的过程中逐渐完善对事件的想象，构建出有关事件的文化图景。信息编码者在信息生产时对信息文本的处理既可以添加某些文化元素，也可以去掉某些元素，按照自己的文化传播需求来编辑信息文本，对受众实施经过设计后的文化影响，左右受众的思维判断曲线和社会行为方式。在单向线性的传统媒体传播模式中，受众对信息的反馈很难直接作用于信源，而是通过电话、写信或媒介组织的受众回访等形式得以实现。此外，受众并非在每次信息解码后都会将自己的看法和意见反馈给媒介组织者或信源。反馈的效度和精度都大打折扣，不利于信息的精准投放，容易造成信息资源的浪费，具有生产无效度信息传播的风险。

新浪微博的传播形态与传统媒体有较大的本质区别。新浪微博在用户编辑博文、发布博文、评论或转发他人博文等环节中实现信息从生产到传播的整个过程。信息直接从博主向其粉丝传播，跨过了中间环节的信息筛选和把关，开放程度更高，用户自主检索信息的能力更强。

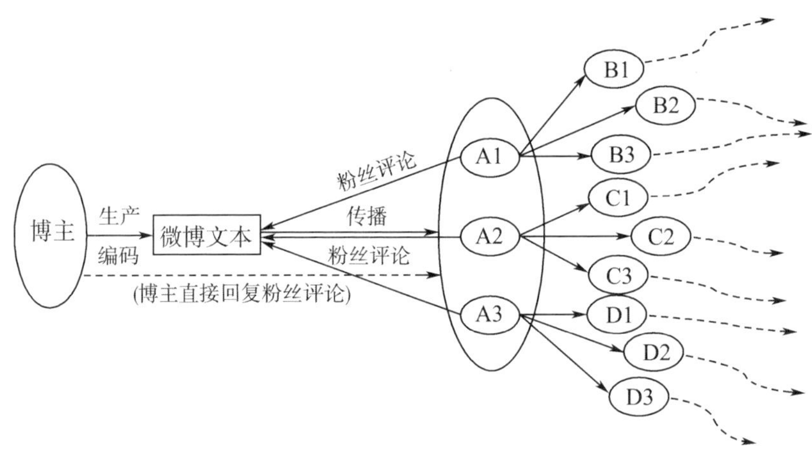

图 3.2　新浪微博的传播形态模型

在新浪微博的传播过程中，新浪微博用户结合了传统媒体中信源、传播者和受众的三重身份，减少了信息从编码到解码过程中的信息过滤环节，也缩短了信息的传播时滞。传统受众在微博使用中形成了“关注与被关注”的人际关系模型，以点对面或点对点的形式向关注自己的粉丝传播自行生产的信息，满足人际交流的情感需要。粉丝在接收博主自行编辑的信息后，根据自身对信息消费的实际情况决定是否评论或转发该博文，具有一定的消费自主性。与传统媒体信息传播过程中的反馈机制不同的是，新浪微博的信源和信宿可以在人际互动中实现信息的即时反馈，面对面人际互动被虚拟化，信源能够随时根据信宿的需求调整传播策略，在明确受众分层的前提下提升信息投放的精准度。一条博文通过转发的形式在关注与被关注的社会关系中进行裂变式的传播，用户直接生产信息的方式最大限度地降低了信息在传播过程中的损耗和经济成本，拉近了信源和信宿之间的心理距离。“关注与被关注”的社会关系体现出用户对某个用户观点的认同感，自愿接受该信源的信息并受其影响。在微博文本多次被转发的过程中，任何的信息节点都能越过信息转发的中间环节直接与信源进行信息互动，表达自己的立场和观点。在发布或评论信息的互动过程中强化信息圈层，不断重构着用户和博主之间的社会关系。由此可见，微博在吸取传统媒体传播优势的基础上，提升了大众传播中人际互动的频率，有利于提高信息传播效率，便于进一步实施文化影响。

三、对新浪微博用户实践的辨析

随着移动通信技术的发展，使用手机上网的网民人数逐年增长。据中国互联网络信息中心 2016 年公布的数据显示，截至 2016 年 12 月底，中国 4G 用户总人数 5.35 亿，手机网民人数达到 6.95 亿，使用手机上网的网民人数占到总人数的 95.1%。我国网民人数达到 7.31 亿，互联网普及率达到 53.2%，学生是主要的互联网使用人群，网民群体整体呈现出年轻化的特点，10 至 39 岁的网民是上网的主力军，占网民总数的 73.7%。中国成为世界上微博使用人数最多的国家，2014 年微博用户人数达到 2.49 亿，2015 年新浪微博的月活跃人数超过两亿。新浪微博连接了不同地域的微博用户，形成各具特色的用户群体。

那么，是谁在使用微博？在看似人人都有话语权的新浪微博中，谁才是真正掌握话语权和信息传播权力的人？

由用户热议的微博话题演变而成的新浪微博热门话题中常能见到实名认证（大 V）和非实名认证两大类用户。目前，已有超过 30 万用户通过实名认证，加 V 用户群体包括权威媒体、专家学者、文体明星、政府官员、商业组织和政府或非政府组织等，新浪微博的大 V 标识体现了这一群体的社会阶层，代表着他们在社会体系中的话语地位。非实名认证用户涵盖了来自社会其他各个阶层的普通用户。普通用户是微博信息生产与传播的基础性群体，他们通过关注加V的新浪微博账户与实名认证阶层结成相应的社会关系。此外，普通用户也通过关注日常生活中的同学、同事、亲戚或朋友等人将线下的人际关系复制到线上，也可以在关注或与陌生人的信息互动中形成线上的虚拟人际关系，甚至将线上关系向线下转移，扩大自己的人际关系面。当用户面对某一事件时，信息消费心理的个体性差异使每位新浪微博用户会追逐不同的微博信息，用户对信息的叠加式传播，直接影响着用户的微博实践活动。细分新浪微博用户的类别有助于更清晰地勾勒出不同用户群体的微博使用特点，归纳总结微博用户群体使用动机的差异。按照新浪微博用户所属的社会阶层可将其细分为：社会名人、传统媒体用户、政府组织用户和普通用户四个大类。

（一）社会名人的新浪微博账户

社会名人的新浪微博账户普遍加以黄色V字标识,也被称为“网络大V”。这一群体按照账户特点大致可分为三个类别。

第一是演艺人员、文体明星、专家学者和各国政要等在各个领域具有影响力的知名人士。这一群体由于职业的特殊性，其言行举止能构成其他用户日常生活的聊天资料。社会名人的新浪微博使用推动了社会化媒体在中国的发展，使社会化媒体使用成为一种社会潮流，激发了普通用户的新浪微博使用热情。演员姚晨是新浪微博中第一个粉丝人数突破500万的用户，被称为“微博女王”。英国前首相卡梅隆在开通新浪微博的第一天就吸引了12万粉丝的关注。也有一些名人未进行实名认证，没有加V，但其特殊身份仍能被众多微博用户辨识。名人效应是社会名人微博更容易被其他用户关注、转发、评论或点赞的根本原因。

第二是专家学者的新浪微博账户，包括在金融、医学、法律和教育技术等各种社会职业中专业程度较高的个人用户。在与粉丝分享日常生活中的点滴之外，专家学者用户会从专业的视角出发，剖析新浪微博中热议的社会事件，监督社会的发展。专家学者通过个人新浪微博账户对本领域热点事件的解读有助于丰富用户的知识体系，教育程度较高的用户更乐于追随专业性强的微博账户，推动了专家学者新浪微博账户的网络人气，也促进了我国学术话题的网络讨论。专家学者用户的新浪微博使用行为一方面为了满足自己文化娱乐的需要，另一方面则希望在表达自我的过程中推动社会的良性发展，将事件置于多种学科交叉的知识体系下进行专业性的解读，为其他用户提供专业性的知识参考。

第三是与精英阶层相对，通过富有个人特色的叙事风格成为网络焦点人物的草根红人。出身于社会草根阶层，一些用户积极运用社会化媒体和互联网的营销机制，将自己炒作为草根红人。从普通用户到草根名博有三种途径，第一种途径是博主用心经营微博账户，发布娱乐信息、人生感悟或生活小常识等能够填补用户碎片化的信息。这类账户如 @ 作业本、@ 冷笑话精选、@ 微博冷冷笑话和 @ 张嘉佳等，这类账户在文本上擅长讲双关语和笑话，微博文本语言幽默，但在字里行间却蕴含着深刻的生活哲理。在微博短小篇幅优势的衬托下，它为用户营造一种轻松的精神氛围，使其在阅读微博时获得愉悦感。这类轻松幽默且篇幅短小的微博内容更适于填补用户的碎片化时间，通过长期的悉心经营培养用户对微博账户的忠诚度，粉丝人数的快速增长推高了草根红人的网络人气。第二种途径是利用某些负面效应的事件来自我炒作，与网络知名人士掀起骂战或自我嘲讽是这类草根微博成为草根红人的主要途径，也是相对其他草根红人而言最具经济效应的炒作手段。微博发布缩短了信息裂变消耗的时间，而耸人听闻或违背大众道德价值观念的微博更能引起其他用户的注意，在评论和转发中不断推高炒作账户的人气。在信息泛滥的新浪微博中，这类账户通过满足用户的窥视欲，将注意力经济成功地转换为市场经济效益。用户的从众心理进一步地扩大了猎奇信息的网络市场，最终使普通的草根账户变成草根名博。第三种途径是社会弱势群体利用特殊事件，通过自我表达来引起其他网络用户的情感共鸣。特殊性事件赋予这类用户吸引网络关注的社会资本。个人的不幸遭遇引起了其他用户的情感共鸣，引来众多微博评论。新浪微博用户对这类事件的讨论和对这类用户的关注促进了传统媒体权威报道的发生，扩大了这类事件和用户的社会影响力。相关部门与涉事博主之间的问题协商是新浪微博、网络媒体和传统媒体新闻报道的热门素材。媒体的报道和微博舆论彼此之间相互设置新闻议程，不断改变事件的发展态势。新浪微博用户在重组各种接触到的事件碎片中，反复思考并最后对事件作出个人判断，或发表评论或成为沉默群体中的一员。不同类型的草根红人由于传播信息的目的不同而导致了传播内容和受众群体的差异性。第一类草根红人设计精巧的微博内容，充分发挥语言的幽默感吸引受众，满足受众碎片化时间的消费诉求。在内容的快速更新中提升账户的用户粘性，保持账户热度并不断累积粉丝人数，扩大账户在虚拟空间中的传播力。第二类账户以夸张甚至耸人听闻的方式满足受众的窥视欲和审丑心理，形成一种特殊的微博文化现象。用户在评论中的情感宣泄营造出网络狂欢的幻象，成为颠覆后现代社会权威的新方式。这类微博账户受到关注的主因正如郑振铎在其对俗文学的解读中描述的那样："所谓俗文学就是不登大雅之堂，不为学士大夫所重视，而流行于民间的，成为大众所嗜好、所喜悦的东西。"[①] 这类俗文化构建了网络大众文化的基础，也是微博信息流通的基本素材。第三类用户生产的信息多以社会热点事件为背景，更容易引起微博用户的情感共鸣，从而迅速聚集粉丝关注，如"微博求助""微博讨薪"或"微博直播强拆"等形态的微博内容。这类用户从普通新浪微博用户发展为新浪微博加 V 用户，使新浪微博使用成为社会弱势群体互联网赋权的新渠道。网民对事件的关注度以及网络舆论的强度是推动弱势群体变成新浪微博公众人物的重要指标，身处事件漩涡中心的弱势群体用户生产的信息更能引起围观用户的心理共鸣，对其他用户产生移情效应，诱发网络集体情绪，起到网络动员的作用，从而影响事态的发展。

从传播学的视角来看，不同行业的名人的社会资本决定其在某些领域更具专业性的判断力，往往被普通用户认为是更接近事实真相的群体，尤其是在突发事件中，社会名人的微博更容易成为普通用户追逐的对象，演变为舆论焦点。因此，其生产的信息在被转发中无形地被普通用户视作权威信源，在引导网络舆情时会对普通受众产生极大的心理暗示作用。庞大粉丝群的追逐促使社会名人演变为新浪微博信息传播过程中的舆论领袖，赋予这一群体

① 郑振铎：《中国俗文学史》, 中国社会科学出版社 , 2009, 第 35 页。

更多的话语权。社会名人的新浪微博账户通过分享自己工作和生活中的片段来维系与粉丝之间的联系。有时，社会名人账户为了提升账户的社会知名度，会生产充满噱头性的消息以引起粉丝的关注，制造微博热门话题。一些社会名人生产缺乏依据性的信息容易诱发网络谣言，从而造成负面的社会舆论环境。此外，新浪微博账户也能成为社会名人自我营销、获取经济效益的特殊方式。2015 年 8 月 25 日，@ 徐峥和 @ 赵薇等社会名人的新浪微博账户同时发布了有关《港囧》的微博，期望引起观众对该片的观影期待，推高演员和影片的人气。

（二）传统媒体的新浪微博账户

传播信息是传统媒体的基本功能之一，通过传统媒体获取与生活有关的各类信息是现代用户日常生活的主要活动。从 1833 年世界上第一份廉价报刊诞生至今，传统媒体经过 200 余年的发展形成了最具公信力的信息传播体系。进入 20 世纪后，传统媒体经过多年的发展早已形成了成熟的新闻采写、编辑和播出流程。不同的传统媒体形态具有不同的传播优势，广播以惟妙惟肖的声音向大众传递信息。报纸则以思想性更强的文字报道，用深度报道、时评和通讯等不同体裁来影响受众的处世态度，并利用生产的新闻报道来保存记录历史的发展。电视是传统媒体中娱乐性最强的媒介形态，也是互联网使用普及之前大众最为普遍的文化娱乐消费方式，能够为受众提供电视综艺节目、电视剧、电视新闻和电视纪录片等多种文化产品。除广播、报纸和电视外，电影、杂志和书籍等传统媒体也在传统媒体时代形成了较为稳固的受众基础。社会化媒体的出现使用户在有限的信息消费事件中面临着更加多元化的媒介消费选择。用户信息使用习惯的改变影响着传统媒体信息生产的各个环节。2012 年尼尔森发布的《中国社交媒体受访用户研究报告》中指出，中国的主流社会化媒体——微博覆盖了 97% 的网络用户。国家广电总局的数据显示，截至 2012 年底，在村村通政策的扶持下，我国已建成了世界上覆盖认购最多的广播电视网，全国广播人口的综合覆盖率达到 97.5%，电视人口综合覆盖率达到 98.2%。结合上述数据看来，社会化媒体与广播电视网的用户覆盖率相当。但在用户的信息使用时间恒定的情况下，社会化媒体使用则成为分流传统媒体用户市场的首要媒介。传统媒体和新媒体的用户竞争，更多地体现在传统媒体和社会化媒体之间。

社会化媒体对信息传播环境的现实影响迫使传统媒体不得不改变信息传播的思路，以维系自身的受众市场和社会影响力。因此，传统媒体开设微博账户则成为传统媒体与社会化媒体融合发展的重要策略。与用户自行生产的微博相比，传统媒体新浪微博账户的把关功能使信息更具权威性，在突发事件中更易成为网民追逐的信源对象。

新浪微博中的传统媒体微博用户主要分为两大类，一类是国内传统媒体的新浪微博账户，如新华社的新浪微博账户 @ 新华社中国网事，中央电视台的新浪微博账户 @ 央视新闻和中国之声的新浪微博账户 @ 中国之声等。除权威性的国家级传统媒体外，地方传统媒体也纷纷利用新浪微博账户拉近与受众之间的时空距离，如浙江卫视的新浪微博账户 @ 浙江卫视中国蓝、湖南卫视的新浪微博账户 @ 湖南卫视以及华西都市报的新浪微博 @ 华西都市报等。传统媒体为了适应新浪微博用户碎片化的信息消费方式，在开设官方微博的同时，还分别开设各种生产微新闻的微博账户，如 @ 华西都市报同时设有由华西都市报城市新闻部主管的 @ 华西都市报微新闻，通过报道本地新闻来吸引成都本地用户的关注，维系其在本土市场的竞争优势。传统媒体用户的新闻人通过开通新浪微博账户从幕后开始走向台前，如中国之声的节目制作人 @ 中国之声苏扬、中国之声副总监 @ 中国之声侯东合等。依托于传统媒体品牌效应的个人认证用户，凭借个人的社会影响力起到了网络舆论领袖的作用。传统媒体新浪微博账户与社会知名人士个人账户二者融为一体，推动了传统媒体新浪微博的影响力，使传统媒体继续保持着信息竞争优势。

第二类传统媒体用户是除国内传统媒体用户之外的境外传统媒体的新浪微博账户。这类用户在传统媒体时代奠定了良好的全球媒体公信力，拥有大批量的跨国用户，如《纽约时报》《经济学人》和《华盛顿邮报》等报纸类媒体，BBC、CNN 和 ABC 等广播电视网，也包括如美联社、路透社和法新社等大型国际通讯社，还包括一些杂志品牌，如《时代》和《娱乐周刊》等。

西方强势传统媒体集团垄断了世界上 90% 的信息流，使西方发达国家成为全球的话语核心。因此，这类国际权威媒体的报道或消息通常是世界其他国家国际新闻报道的一手信源，也是国际舆论的主要引导者。在社会化媒体快速发展的今天，西方发达媒体注重拓展其在互联网各个领域中的话语优势。这些权威性较高的国际传统媒体不但积极开拓本国的社会化媒体市场、加速新闻的电子出版，而且还特别擅长开拓他国的社会化媒体市场。目前，我国新浪微博逐渐成为除中国传统媒体外的境外媒体开拓中国信息市场的首要途径。《世界报》《泰晤士报》和《华尔街日报》等西方权威媒体几乎都开通了新浪微博账户，直接对中国新浪微博用户传播信息。这类境外媒体发布的新浪微博内容包罗万象，包括对西方文化和生活的描绘、对国际事件的报道与解读、对中国本土事件和文化的阐释等。尽管境外媒体新浪微博的粉丝人数低于中国本土传统媒体新浪微博账户的粉丝人数，但仍能满足部分中国用户渴望了解异质文化的消费心理，在新浪微博中形成了较为稳固的用户群体。

#FT一周精选#【中国人节约习惯的由来】Opera Advisors董事博克斯韦尔：社会保障不足造就了中国源远流长的节约文化。要让信心不足的中国人消费，政府花几年时间进行劝导显然不够。 网页链接

图 3.3　@FT 中文网的新浪微博文本截图

2015年08月31日 06:39 AM

中国人节约习惯的由来

Opera Advisors董事 罗伯特•博克斯韦尔 为英国《金融时报》撰稿

字号　背景　新浪微博　领英　微信　收藏　电邮　打印　评论

我妻子是华人特质非常明显的马来西亚华人。她囤绳子。实际上，任何进了我们家门、可以再利用的东西她都会囤，但是这种绳子特别显眼，因为它是吉隆坡街头嘛嘛档（mamak stalls，是马来西亚印度裔穆斯林经营的小摊——译者注）用来扎外带饮料袋的——这种外带包装的成本只是星巴克(Starbucks)等公司使用的外带纸杯的一个零头。

图 3.4　@FT 中文网中网页链接的部分全文

此外，新浪微博也是境外媒体向中国用户推介其中文网的重要手段，以形成“中文新闻网＋社会化媒体”的整合营销传播模式。英国《金融时报》的新浪微博账户名直接命名为@FT中文网，其每条微博的结尾处几乎都添加了《金融时报》中文网的网页链接。网页链接中的内容大多来自《金融时报》全球各地记者的亲身报道，内容的新闻性更强。

新浪微博既是境外传统媒体与中国用户直接产生信息交流的媒介渠道，也是这些媒体推销内容的新型平台。新浪微博在对传统媒体生存空间带来挑战的同时，也为境外传统媒体在中国本土的信息落地提供了新思路，打破了传统媒体时代国际传播的时空限制和政策限制。

（三）政府组织的新浪微博账户

政务微博是指“政府部门及其官员开设的主要用于倾听人民心声、诉求，排解与政府管理有关的实际问题，传达党和政府的声音，及时公布相关数据和时间，从而进行网上知晓、网下解决问题的相关微博”[①]。政务微博是社会化媒体时代政府公开信息的平台。目前，新浪微博中的政务微博涵盖了国家部委、地方党政机构、地方新闻宣传系统、公检法系统、科教文卫系统以及工商妇联等社会组织，也包括公务员个人实名认证的政务微博。2013年10月15日，《国务院办公厅关于进一步加强政府信息公开回应社会关切提升政府公信力的意见》中明确指出，信息传播方式的转变增强了群众的监督意识，各级行政机关应积极利用微博和微信等社会化媒体平台实现政务信息的公开传播，构建健康的舆论环境。北京市公安局的新浪微博账户@平安北京集信息发布、群众工作和舆论引导等功能于一体，在多次发生于北京市内的突发性事件的发布中，以公开透明、及时准确和积极互动等信息特点在网民群体中树立了良好口碑，多次被评为中国最具影响力的政务微博。在2012年“7·21北京暴雨”事件中，@平安北京及时公开暴雨险情信息以及同城的灾害事故，提醒司机谨慎出行。在特殊事件微博的撰写中，@平安北京的微博文本更具人性化，一度成为官方信息发布中的舆论领袖，为不少传

① 崔雪敬：《我国政务微博的现状、问题和对策》，《党政干部学刊》2011年第11期。

统媒体机构提供新闻素材。在多种媒体议程设置的共同作用下，信息传播渠道的整合有效地遏制了网络谣言的产生。

现代社会本身即是风险社会，“人类正生活在文明的火山口上”[①]，这种风险是那些已经存在、面向未来的、种种有危害的不确定因素。我国正处于社会转型和经济转轨的关键时期，社会风险的集聚不利于社会的稳定和发展，而信息的公开透明更有利于社会和谐。政务微博作为社会化媒体时代的产物，顺应了传播环境改变的客观现实。政府部门或公务员个人政务微博的使用行为让政务信息更贴近人民群众的日常生活，满足了人民群众渴望了解真相的信息诉求。政务微博是社会化媒体时代政府部门或个人形象自塑的新方式，也是社会舆情引导和监控的新策略。用户对政务信息的转发和评论推动了网络舆情的良性发展，有利于净化网络环境。2012 年后，微博与微信联动成为政务微博发展的新特征，将公共信息的生产与发布嵌入用户的个人人际生活圈，事件发布和舆论引导的范围更宽，影响范围更广。经过五年的发展，中国的政务微博已发展为较为成熟的官民沟通渠道，丰富了群众的政治生活，激发了普通用户参政议政的政治热情，也有助于提升群众的政治素养。

（四）普通用户的新浪微博账户

传统媒体时代的受众处于信息传播链条末端的节点，在接受信息时既受到时空的物理限制，又受到信息内容选择和媒介接触的限制。智能手机和平板电脑的普及应用降低了普通用户进入话语场域的门槛。“随时随地分享身边的事”是普通用户使用新浪微博的基本目的。“微博（客）不仅带来了一种新的网络社交方式，而且引发了新的信息传播模式”[②]。与传统媒体的信息接受相比，社会化媒体的信息获取更为便捷，更适合后现代社会的快节奏生活方式。

在新浪微博构建的巨大舆论场域中，传统媒体在引导舆论时仍占有绝对优势，但普通用户接受信息的态度却发生了巨大变化，他们不再不假思索地相信传统媒体信息的真实性，更多的是采取批判式的态度，在多种信源

①〔德〕乌尔里希·贝克：《风险社会》，何博闻译，译林出版社，2004，第 3 页。
② 彭兰：《新技术条件下的网络行为变化趋势》，《中国记者》2008 年第 8 期。

的支撑下自己探寻事件的真相。信息接受从被动状态向主动状态转移。在2014年的“马航MH370失联”事件中，我国地方性传统媒体《羊城晚报》的新浪微博账户@羊城晚报刊发了这样一条消息：“据CNN报道，马航MH370航班已确定在越南胡志明市以北100公里境内坠落。”细心的网友发现，这条微博中描述的内容并未出现在CNN的官方新闻网页中，谣言的可能性较大。具有信息辨识力的用户通过个人微博账户发布对该信息的质疑，进而引起其他用户群体的关注，引来更多对@羊城晚报微博内容的质疑。可是，截至@羊城晚报删除这条微博时，该微博已被多次分享至微博和微信等社会化媒体客户端，甚至被多家公信力较高的中国传统媒体转载，造成了极为负面的舆论影响，导致谣言在微博和传统媒体两个舆论场中被大肆传播，真相更加扑朔迷离。社会化媒体的快速发布为传统媒体带来了信息发布时效性的冲击，构成了信息时效性与真实性之间的不平衡关系。在新浪微博中，普通用户不仅积极参与信息生产，还深度挖掘突发事件中权威用户发布的信息真实性，不再是权威信源信息传播的被动接受者。人们在众多的信息碎片中追逐真相，社会个体间的信息互动促进了新浪微博话语空间的发展。传统媒体不再是制造共识的唯一主体，信息生产和传播的权力开始向新浪微博中的普通用户群体转移。

自新浪微博上线至今，涌现出大量的公民记者。突发事件的原始信源不再局限于传统媒体的视阈内，身处现场的普通用户的个人信息发布丰富了事件报道的视角。不受叙事风格影响的新浪微博降低了普通用户进入话语场的门槛，自主表达的话语特点提升了普通用户的公民意识。普通用户在主动检索微博信息的同时，其新浪微博账户发布的内容几乎涵盖了闲暇小事到国家大事的方方面面。在2013年的雅安地震中，从地震的发生到第一条普通用户的新浪微博发布仅53秒。不少身处灾区且仍能使用移动设备上网的用户不断地发布关于雅安地震的实况或寻人信息，引来其他地区新浪微博用户的关注和关心，“雅安地震”迅速成为新浪微博的热门话题。身在灾区的普通用户的新浪微博账户也引起了国家级权威媒体的关注。在确认地震发生的真实性之后，@央视新闻、@人民网和@中国之声等相继发布了官方微博，加入地震的微博报道。雅安地震的第一条微博来自普通用户的新浪微博账户，却改变了传统媒体新闻素材产生的模式，新浪微博使普通用户不再是网络传播中沉默的大多数。事件的特殊性让普通用户图文并茂的微博信息更具传播力，甚至能够改变传统媒体的新闻议程，“从微博中寻找今日可播报的话题”也成为传统媒体检索新近发生的事实的一种方式，普通用户在消费微博的同时也承担着生产信息的社会责任。古斯塔夫·勒庞在《乌合之众——大众心理研究》中曾指出：“影响民众想象力的，并不是事实本身，而是它们发生和引起注意力的方式。”[①] 新浪微博的使用作为信息传播的新方式，本身就是诱发用户注意力转移的媒介方式，加之 UGC 的信息生产模式，让更多的用户觉得信源就在自己身边。

四、对新浪微博用户信息消费行为的多维度透视

不同社会阶层的新浪微博账户折射出文化碰撞与融合的现实。个性化叙事的新浪微博打破了传统精英阶层建构的话语屏障，凸显了后现代文化多元化叙事主体的文化特征，但社会各阶层话语表达的现状并未从实质上改变话语格局。政府组织账户、媒体账户和社会名人账户仍然是新浪微博中的话题制造者，“大 V”赋予这些群体权威的社会身份，使他们延续着舆论领袖的地位。相比微博“大 V”，普通用户也被赋予了一定的话语权，使沉默的大多数获得了表达自我的机会与空间，削弱了传统信息传播模式中把关人的角色。在某种情况下，普通用户的新浪微博账户也能成为舆论关注的焦点，如突发事件、网络公益、弱势群体呼吁平等权等。因事件的特殊性，涉事的普通用户有机会成为话题的制造者和引导者。在“悉尼爆炸案”中，现场普通华人的新浪微博账户成了国内用户了解“悉尼爆炸案”实况的首要信源。

新浪微博赋予不同社会阶层用户相对平等的话语权，使沉默的大多数获得了表达自我的机会与空间，削弱了传统信息传播模式中把关人的角色。虽

①〔法〕古斯塔夫·勒庞：《乌合之众——大众心理研究》，冯克利译，广西师大出版社，2007, 第 84 页。

然新浪微博是一种"去中心化"或"去权威性"的大众媒介，各类社会阶层用户的信息参与使新浪微博衍生出了不同的信息中心点，但意见领袖的传播机制仍然存在。拉扎斯菲尔德等人在《人民的选择——如何在总统选战中做决定》中首次提出了"意见领袖（Opinion Leader）"的概念，认为意见领袖是指在人际传播过程中的信息中介，他们通过过滤信息中的某些观点来影响周围的其他人对事件的看法。[①]新浪微博中的意见领袖擅长社会交往活动，有更多的机会直接接触到权威信源，获得较为准确的信息。意见领袖凭借个人的知识结构体系在普通受众中具有较高的社会影响力，被认为是信息生产的权威，他们周围的基础群体也乐于被其信息所影响。用户通过关注或互粉的方式与舆论领袖结成互动型的网络圈层。在链条式的传播机制中，新浪微博的社交特点为意见领袖传播观点提供了更多的优势。意见领袖作为被关注的中心点发挥着传统媒体时代的舆论组织、引导或动员等社会功能，在虚拟的人际关系圈层中更具说服力，并产生更广泛的社会影响。

新浪微博强化了意见领袖的"中心性"特征，使其依然是人们追逐的信源，然而普通用户的参与却重置了虚拟空间中的信息传播权力体系。传播技术的发展为大众文化的传播提供了平等机会。从现实空间到虚拟空间，用户对社会身份和阶层的认同决定了草根文化和精英文化的分野。在社会精英、政府机构和传统媒体等社会群体为信息权力主体的传统媒体时代，中间阶层和弱势群体处于信息传播链条中的末端位置，是接受传播主体信息影响的首要对象。新浪微博中存在着引导主流舆论的社会精英强势阶层，接受新传播技术并迅速掌握传播能力的中间阶层，具有社会化媒体使用能力并有机会通过社会化媒体行使个人社会权利的弱势群体以及缺乏使用媒介接触、使用能力和信息生产权力的弱势群体四大类。[②]新浪微博的使用者几乎涵盖了中国社会所有阶层的用户，用户社会身份阶层趋于扁平化。用户社会阶层的不同决定了其使用动机的差异，造就了多元化的微博文化圈

①〔美〕保罗·F.拉扎斯菲尔德、〔美〕伯纳德·贝雷尔森、〔美〕黑兹尔·高德特：《人民的选择——如何在总统选战中做决定》，唐茜译，中国人民大学出版社，2012。

②信莉丽：《社会化媒体中的弱势群体：自我表达与赋权》，《东南传播》2014年第4期。

层，社会个体间的信息互动为不同文化圈层交集的形成创造了可能。从精英文化到大众文化，新浪微博创造了一种相对平等的信息传播规则，信息发布者不再局限于社会的某些群体，任何社会个体只要能够使用新浪微博就能表达自我、参与网络场域的各种讨论。但是，微博用户的社会身份决定了微博账户和博文的被关注度。一条普通微博的被关注度十分有限，且容易被其他同一时间发布的微博覆盖。以 @ 央视新闻 2015 年 8 月 20 日 19 时 44 分发布的“天津海河出现大量死鱼”的博文为例，在发布后的两小时内，转发量达到 2899 次，评论 2687 条，3025 次点赞。同一时段普通用户发布的微博转发量和评论量却几乎为零。但是，普通用户发布的类似“晚饭真不错”之类的信息却是对生活最本真的记录，是大众文化形成的根源。

新浪微博让国际信息传播环境呈现出新特征，文化传播的边界不断扩展，实现了从现实空间到虚拟空间的转向。新浪微博的信息分享加速了全球范围的信息流动，多媒体性质的传播方式更适宜后现代的生活方式和信息诉求，新浪微博用户人数的增长凸显了社会化媒体对社会的深刻影响，传播空间的扁平化打破了国家之间的物理屏障，为跨国间的文化交流创造了更多的机会。新浪微博作为中国大陆境内的本土化社会化媒体具有跨文化的传播功能，其跨国虚拟空间的重要性逐渐为各国媒体所认识，拓展新浪微博中的话语空间成为近年来境外媒体对华传播本国文化的新思路。境外媒体的新浪微博账户作为不同文化背景下的国家代表，在与中国用户的互动中实现了异质文化的传播。除境外媒体用户的参与外，各国的政府要员、外交部门和旅游机构等新浪微博账户强化了新浪微博的公共外交功能。2010 年 5 月，美国驻华大使馆开通了新浪微博 @ 美国驻华大使馆，对美国前任驻华大使骆家辉在中国的活动进行了直播式发布，“北京时间 5 月 21 日早上 8：35 分，尽管距骆家辉部长在清华大学的 townhall meeting 还有一个多小时，但使馆工作人员早已开始进行忙碌的准备工作，各家媒体也到达现场”。类似这些内容的微博有意拉近中国用户与美国文化之间的心理距离，实施美国在中国社会化媒体中的文化传播战略。此外，中国用户会自发的将 Twitter、Facebook 或 Me2Day 等境外社会化媒体中的热门话题讨论移植到新浪微博中，与其他新浪微博用户分享。韩国歌手鸟叔（PSY）凭借《江南 style》和个人自创的骑马舞顺利登上各国歌曲排行榜的榜首，是 2012 年全球社会化媒体关注的焦点。这首最早出现在 YouTube 上的韩国歌曲以平均每日 700 万的点击率形成了席卷全球的文化风暴，也成为全球网民竞相模仿的对象。鸟叔也迅速在新浪微博中蹿红，并于 2012 年 11 月 8 日正式开通新浪微博，仅半天时间就轻松获得 10 万粉丝的关注。截至 2015 年 8 月底，鸟叔的新浪微博粉丝数达到 2394 万。韩流文化在鸟叔等韩国娱乐明星的推动下，成功嵌入中国社会化媒体，提升了韩流在中国本土的知名度和影响力。如今，新浪微博也为异质文化进入我国文化圈层提供了便利。《江南 style》作为非通用语歌曲能够席卷全球，再次印证了社会化媒体成为国家文化输出或输入的新兴领域，传统媒体不再是全球文化传播应关注的唯一场域。文化借力于新浪微博传播已成为当下跨国文化传播的一种常态。

正如曼纽尔·卡斯特认为的那样，网络社会崛起导致人类社会、经济、政治、文化层面上的结构性转型与重构。[①] 新浪微博已然改变了社会个体的社会交往和信息消费的日常行为。国家、组织和个人作为新浪微博使用的行为主体，其微博使用行为影响着新浪微博的环境发展。从私人情境到公共情境，从国家文化到跨国文化，从文化输入到文化输出，以新浪微博为代表的社会化媒体正在深刻地改变我们生活的方方面面。社会个体使用传播新技术的社会行为是传统媒体使用行为的延伸。新浪微博用户生产的信息影响着处于同一虚拟空间中的其他个体。知识、信仰、健康等消息都能成为社会化媒体中的传播议题，聚集具有相同关注点的社会个体，从而形成网络空间中的观点群体，群体信息交流互动中产生的各种亚文化在建构当代国家文化的同时，也存在消解国家文化内核的隐性风险。

---

①〔美〕曼纽尔·卡斯特：《信息时代三部曲：经济、社会与文化——网络社会的崛起》，夏铸九、王志弘译，社会科学文献出版社，2001。

第三节　新浪微博的传播特性对国家文化安全的影响

一、新浪微博场域中的多元文化共存现象

信息传播是新世纪以来众多行业发展的驱动力。国家文化的传播与传播媒介之间存在着历史性的共生关系，人类社会的每一次传播技术变革都在推动文化产品的批量复制，改变国家文化的传播方式，拓宽国家文化的传播疆域。自 2001 年成功加入 WTO 以来，我国的媒介环境逐渐开放，来自多国文化背景下的境外文化产品在我国文化市场上流通，受众的文化选择更加多元化。社会化媒体在全球范围的广泛应用颠覆了传统的国际传播范式，成为继传统媒体之后的又一支文化全球传播的信息力量。在我国树立“文化走出去”和“文化强国”等国家文化发展战略的同时，其他文化强国也在积极生产满足全球用户消费诉求的文化产品，推动本国文化的全球传播，提升国家文化软实力和文化产业竞争力，赢得有利于本国发展的国际舆论环境。新浪微博大众生产和大众参与的基本属性，使其成为当下国家文化建构的主要社会化媒体，也使其成为异质文化在我国传播的新平台。

新浪微博的开放性和包容性吸引了众多境外媒体的参与，也使新浪微博成为多元化的文化传播媒介。在众多文化背景的文化产品中，西方文化和西方思潮从不同视角对我国用户的文化生活产生影响，包括日常生活中的建筑风格、学术研究中的西方范式、文学创作中的写实主义等。在传统媒体时代，以美国为首的西方国家凭借对媒介技术的垄断，在全球文化传播中占据主导地位，大众文化作为美国文化全球传播的素材被传统媒体扩散到全球各地，文化输入国的民众在本土文化思维上逐渐呈现出“被西化”的特征。新浪微博的出现继续延续着西方国家的文化优势，拓宽了西方文化产品的传播渠道。在当代文化中占统治地位的是视觉观念、声音和影像，

尤其是后者。[①]新浪微博文字、影像和思想形成了三位一体的整合式传播方式，集合了多媒体艺术表达的优势，在文本传播的同时结合了超文本的传播手段，消费者在消费影像资料和彼此的评论交流中形成了对西方文化的共识。

除西方文化产品外，东北亚地区的日本文化和韩国文化在新浪微博中也占据部分市场。由于历史的原因，日韩文化中存在着很多与我国国家文化相似的文化元素，如礼仪孝悌、尊师重教、国家观念等。日韩文化在顺应全球文化市场需要的前提下，以文化产品的方式重新包装本国的文化价值观，使其文化产品既能迎合我国用户的文化心理，又能成为全球市场中最具代表性和典型性的文化代表。在新浪微博中，日韩文化信息受到了中国用户的追捧。模仿日韩文化的着装风格和饮食习惯成为当下我国青少年用户群体中的文化风尚。

境外文化在新浪微博中的传播从微观层面影响着中国民众的审美取向和生活方式，从宏观层面影响着我国国家文化的建构与传承。境外文化背景的电视剧、电影和流行音乐等娱乐内容的介绍与推广刺激着我国用户的异质文化消费欲。用户在消费西方文化产品时，在露骨的文字和夸张的影像画面中收获了来自金钱、性和暴力方面的虚拟化情感满足，宣泄着内心的情感。心理诉求的满足反过来又强化了消费者对西方大众文化的追求，使他们变成了西方大众文化产品的追随者。日韩文化中与中国文化相似的元素能够拉近其文化产品与中国用户的心理距离，而这些文化产品中更具国家化色彩的文化元素无形中又消解了我国用户对国家文化的认同感，潜移默化地改变着我国用户的文化心理。

新浪微博提升了用户自主选择信息的能力，具有异域文化风情的文化产品快速吸引中国网民的眼球，在中国社会中掀起了强烈的异质文化风潮。作为精神和技术相结合的文化媒介，新浪微博是当下境外国家对中国用户传播文化信息的主流渠道。境外媒体在向中国用户传播本国文化信息时，注重生产适应新型传播媒介传播特性的文化产品，以便强化本国文化的传播优势。异质文化以娱乐为外壳，时刻传播着他国的优势文化，在用户微博文化消费

---

①〔美〕丹尼尔·贝尔：《资本主义文化矛盾》，赵一凡等译，生活·读书·新知三联书店，1989，第156页。

的过程中源源不断地输入我国，对我国国家文化产生着潜在的影响，并深刻地影响着我国国民的价值观和生活方式。

二、新浪微博用户信息批量复制的文化心理

语言符号和影像符号的组合中隐藏着文化的原始形态，社会化媒体中信息的批量复制表面上看是用户消费信息的社会行为，实际则体现出用户对某种文化的认同和追求，还体现出信息传播活动中的文化活力。任何信息文本中运用的语言、展现的价值观以及道德伦理观念都是其国家文化的一部分。信息在传播中的复制是基于同一社会中人们对文化内涵达成的普遍共识。随着新浪微博等社会化媒体的快速发展，传统媒体时代社会精英阶层的文化话语霸权不断被消解，普通大众成为国家文化建构中的新兴力量。

消费主义意识在当下全球化语境中显得尤为突出，新浪微博用户的信息批量复制使消费主义成为后现代社会的文化景观。随着物质生活水平的提高，人们对文化的消费需求已经不仅仅停留在解读信息文本的层面，他们更多地希望能够主动的参与文本的建构和文化意义的生产。生活方式的改变促使信息传播技术发生变革，社会化媒体使人们在信息消费中获得心理上的愉悦，而社会化媒体符号化的信息编码方式也使信息的生产和复制更为便利，信息的可获得性更强。后现代消费主义让用户在选择和传播信息时，更加注重信息的娱乐性和轰动性，在浩瀚的微博世界中，用户通过简单的转发、复制和粘贴等行为使同一条信息形成链条式传播，信息文本和影像文本的批量复制成为一种现实，尤其是社会知名人士微博内容的批量复制更演化成信息传播的常态。“一个心理群体表现出来的最惊人的特点如下：构成这个群体的个人不管是谁，他们的生活方式、职业、性格和智力不管相同还是不同，他们变成了一个群体这个事实，便使他们获得了一种集体心理，这使他们的感情、思想和行为变得与他们单独一人时颇为不同。”①

大多数情况下，用户在分享自己感兴趣的信息时处于无意识状态，仅是

① 吴江霖等：《社会心理学》，广东高等教育出版社，2004，第 212 页。

源于信息内容本身的趣味性。复制粘贴与转发的不同之处在于，前者会暴露信息的原始来源，而后者为粉丝营造出博主原创的幻象。在被信息内容吸引的同时，用户希望自己能够作为原始信源得到粉丝的认同，强化固有的人际关系，成为众人关注的对象，从而满足内心渴望被关注的心理诉求。除了满足个人的心理诉求外，情绪化的群体性驱动也是使用户参与信息批量复制的动因之一。当新浪微博用户共同关注某一事件时，个人情绪易在新浪微博信息间传递，并将相关性内容整合到这一事件中，制造更多的舆论看点，推动主体事件的发酵。郭美美的新浪微博炫富诱发了中国红十字会的信任危机。从个体心理层面看来，众多网民在复制该信息时会附上自己对该事件的评论，希望表达自我对事件的态度和看法，并获得微博空间中其他用户的观点认同。从群体心理层面看来，多数用户追逐和评论的信息会引发其他用户对事件的关注。在从众心理的催化下，用户会不由自主地复制新浪微博中的各种信息。

用户的信息复制行为是人类社会行为模仿的特殊规律，复制他人生产信息既是对他人信息生产行为的模仿，也是对他人文化观点的认同。在符号化的网络社会中，用户处于各种文化符号的挤压中，复制微博信息为其带来了更多的文化资本，信息内部的文化因素是吸引用户复制的深层原因，文化资本的获得将微博用户分成了不同的社会阶层，从而形成微博中的多种文化圈层。在文化因素和用户心理的双重作用下，新浪微博依靠信息的批量生产、复制或转发维系着文化传播的基本运转，推动国家文化在符号空间中的流动，促进了国家文化的生存与发展。

三、新浪微博对汉语语言体系的影响

语言作为国家文化的组成部分，是民族国家人民共享的符号体系。“语言本身就是语符形式与文化内容的有机整体。这就是说，语言不仅仅是意义的代码，而且也是文化的代码。鉴于语言包含了所有文化积累的信息，这就使语言成为文化总体中最基本、最核心的部分。”[1] 语言体系的丰富与衰弱是国家文

① 杜道明：《语言与文化关系新论》，《中国文化研究》2008 年冬之卷。

化变化的表征之一。近年来，不少新浪微博使用中产生的网络流行语被我国汉语大辞典收录。这也是新浪微博语言对国家语言发展影响的重要体现。

浪微新博可使用多种语言符号体系生产同一意义的内容。各社会阶层用户的新浪微博使用催生出的网络流行语丰富了我国的语言体系，推动着我国语言的发展。

一类网络流行语是来自日常用语的汉语拼音缩写或是汉语词汇的谐音，如 JMS（姐妹们）、LG（老公）、LP（老婆）等。拼音缩写产生的网络词汇满足了新浪微博的社交信息快速化生产的需要，以区别于其他媒介形态中的语言符号体系，更具时代感。还有些汉语拼音的缩写符号是为了躲避新浪微博对不雅词汇的管控，如 MLGB、NMD、TMD 等粗口。用汉语谐音词汇替代日常生活中的粗俗语言是新浪微博语言使用的另一种方式，如草泥马等。在用户的信息复制中，这些新生词汇不仅在新浪微博中被多次使用，也在其他互联网信息中频繁出现，逐渐成为网络用户之间约定俗成的文化符号体系，嵌入人们的日常生活。

另一类网络流行语是新浪微博用户在热门话题的讨论中，因用户的频繁互动演化而来的语言，如囧、给力、屌丝等。其中“给力”一词曾出现在《新闻联播》的口播中，甚至登上了《人民日报》的头条标题。一些在网络中被频繁使用的短句也是我国语言文化发展的缩影，如在 2014 年影视明星“文章出轨”事件中，其妻马伊琍在新浪微博中写道：“且行且珍惜”，又如“山东蓝翔技校校长兰荣祥带领师生团体从山东赴商丘打架”事件中衍生出的“挖掘机哪家强，中国山东找蓝翔”等。这些新浪微博话题的热门讨论的语言流动既是观点的互动，也是新浪微博流行语生产的方式。当这些词汇或语句成为社会大多数成员契约式的语言表达方式后，逐渐嵌入我国的语言体系，成为我国国家文化的一部分。

四、新浪微博在社会主义核心文化价值观传播中的正负效应

新浪微博构建的开放式话语空间为任何社会事件的讨论提供了场所，构建了政治认同、文化认同和国家认同三位一体的虚拟空间。新浪微博的用户

评论能窥探出普通用户对国家文化价值观的认同程度，这种认同包括了正面认同和负面认同两个向度。对核心文化价值观的正面认同使新浪微博用户更深刻地认识到我国国家文化的优势，从而树立文化自信，有助于提升国家文化的凝聚力。新浪微博事件讨论中的负面评论则存在消解我国核心文化价值观的文化风险。当这种负面评论成为网络风潮时，易衍生出网络谣言和网络民粹主义，并在个人情绪的微博传播中影响其他用户对国家核心文化价值观的认同。

在一些新浪微博热门话题讨论中，大多数用户能够认识到国家文化价值观的正确性和相对于异质文化的文化优势。在涉及国家利益的问题上，用户能够作出较为理性的评论，推动热门话题的良性讨论。在社会主义核心价值观被提出的初期阶段，新浪微博热门话题“# 我为核心价值观代言 #”约有 1.7 亿用户阅读。在海量微博评论中衍生出社会主义核心价值观的微博体。如“我是大学生鲁甜甜，友善就是从身边小事做起，心怀感恩，善待生命”；“我是大学生孟华，诚信就是说到做到，不食言”；“我是理工科艺学院 13 公管学生，爱国就是就是愿意为了国家的发展献出自己的一份力，是中华名族的优良传统”等。二十四个字的社会主义核心价值观来源于我国博大精深的历史文化，包含了国家发展、社会平等和个人道德三个层面，贯穿于中国民众日常生活的方方面面，是我国国家文化内在精髓的高度提炼。新浪微博热门话题促进了用户对二十四字社会主义核心价值观的理解，微博体的模仿性表达提升了网民讨论社会主义核心价值观的参与度。从这些评论和转发的文本中可以看出网民对社会主义核心价值观的强烈认同。新浪微博中的公共议题讨论，能够激发网民对社会热点事件的讨论。“我为核心价值观代言”推动了社会主义核心价值观在社会化媒体场域中的传播，为社会主义核心价值观在线下社会的传播构建了良好的舆论环境。在涉及国家利益的问题时，新浪微博用户的个人微博和评论折射出对“富强、民主、文明、和谐”的认同。以“日本通过安保法”的热门话题为例，网友们分别表示“今天通过这也是在打我们的脸。国际形势不明朗，但我们已今非昔比了”；“坚决抵制日货”；“日本通过安保法只会是自食其恶果，日本有了军队后，中国对其有军事才不是欺负它，日本如果不想存在，就可以使劲作，今天的中国可不是像以前那样好欺负”等。在这些随机获取的新浪微博用户评论中，微博用户对民族独立和国家富强两个向度的文化认同程度较高，维护国家统一的思想意识极强。

新浪微博评论中也不乏负面评论。负面评论形成的舆论环境不利于我国核心文化价值观的传播。“老人摔倒，扶还是不扶？”是近年来新浪微博中讨论最为热烈的社会话题之一。2015 年 9 月，安徽一女大学生上学途中扶起摔倒的陌生老人。事后双方各执一词，老人家属声称是小袁骑自行车撞到了老人，并垫付了医药费。小袁则表示自己并未撞到老人，只是出于好心帮扶摔倒老人。由于事发于监控盲区，警方暂时无法对此案作出判断。小袁在个人账户中发布信息寻找目击者为自己作证，“@ 袁大宸：我是淮南师范学院的一名大三学生，今早扶了一个摔倒的老太，看到情况严重就给她拨了 120，结果老太家属赖上我了要我全权负责，监控显示我跟老太的距离是不足够撞上她的，但是后面的部分是监控死角，没拍出来。寻求今早路过师院大门口对面的目击证人，请给大学生一个公道吧。谢谢了”。“老人摔倒”本是普通的社会事件，当“大学生”“老人”“监控死角”和“被讹”这些关键词被置于同一事件中时，就引起了轩然大波。这条微博自发出后被转发了 52888 次，引发了其他用户的热议，@ 袁大宸的粉丝数在一星期内暴涨到 3 万人，逾 722 万网友参与阅读“淮南师范学院袁大宸”的微博话题。在“学生与摔倒老人你相信谁？”的投票活动中，84% 的网民表示“相信学生”，14.6% 的网民表示相信法律，仅 1.5% 的网民表示相信老人，“淮南女大学生称扶老太被讹”似乎已成定论，舆论一边倒的倾向十分明显。新浪微博用户评论体现出的“摔倒老人讹诈”的刻板印象消解了核心价值观中的诚信和友善，认为当今中国的社会道德严重滑坡。用户的新浪微博或评论折射出当代中国的文化价值观取向，不少用户表示遇到类似事件时会选择远离，如“我现在碰到老人头皮都麻的，恨不得离他三丈远”等。国家文化的核心价值观是对我国国家文化精髓的高度凝练，也是社会个体普遍认同的行为标准。在“老人摔倒”的类型化事件中，相互帮扶、诚信互助社会公平以及法制公正等文化内核本应是人们践行的文化体系。然而，这类事件中屡次出现的道德失范，使道德滑坡成为制约社会发展的瓶颈，消解了社会个体对文化核心价值观中某些元素的认同。海量负面微博评论的传播容易影响大多数用户的价值判断体系，不利于社会的和谐发展，也会消解我国国家文化价值观的精神内核。

新浪微博融合了传统媒体和互联网的多种传播优势，能够同时传播文字、声音、影像或动画等多种文本形态。新浪微博的出现满足了当下中国信息用户的信息消费需求，改变了我国传统的舆论格局。一般而言，用户在编辑 140 字以内的文本时，可根据文本编辑需求插入表情或网页链接，也可以为文字配上相应的图片或视频加以说明，实现多媒体的传播效果。微博文本与其他文本相比更具个性化，但碎片化的文本特征使微博文本在传播中容易引起用户对文本的误读，影响传播效果，甚至产生一些难以预料的负面效应。长微博或超链接为粉丝提供更多更为详尽的事件细节，降低微博的碎片化程度。微博文本在未被删除的前提下，可同时留存博文和评论，成为历史文化记忆的载体。

新浪微博文本的碎片化程度直接关系到新浪微博的舆论引导功能。作为拟态的话语空间，新浪微博场域中舆论导向的重要性不言而喻。社会舆论的引导与国家文化中的核心价值观的传播紧密相连，良性的微博舆论环境使文化价值观在话语建构中形成正确的道德观念，约束参与讨论的用户的思想和行为。“每个社会都设法建立一个意义系统，人们通过它们来显示自己与世界的联系。这些意义规定了一套目的，它们或像神话和仪式那样，解释了共同经验的特点，或通过人的魔法和技术力量来改造自然。这些意义体现在宗教、文化和工作中。在这些领域里丧失意义就造成一种茫然困惑的局面。这种局面令人无法忍受，因而也就迫使人们尽快的去追求新的意义，以免剩下的一切都变成一种虚无主义或空虚感。”[①] 新浪微博文本生产与用户评论生产之间的互动构建了网络社会的意义系统，互动式的讨论内容是构成网络意义系统的原始符码，是现实生活中大多数人思维模式和行为方式的体现。新浪微博中的任何事件对国家文化核心价值观的传播都具有双重作用，正面评

①〔美〕丹尼尔·贝尔：《资本主义文化矛盾》，赵一凡等译，生活·读书·新知三联书店，1989，第 197 页。

论有利于国家文化核心价值观的传播，负面评论则可能会消解国家文化核心价值观对用户的良性影响。因此，对新浪微博及新浪微博用户评论的文本分析，有助于发现影响国家核心文化价值观的多种因素。

小　结

“一切信息传播的技术革新都伴随着或源于大众传播工具的迅猛发展，从而为人数众多的听众、观众和读者打开大门，并扩大信息产品和文化娱乐的来源和手段，推动文化和社会的变革。”① 传统媒体文本的传播受到媒介形态的限制，而基于 Web2.0 技术的新浪微博，融合了传统媒体和互联网的双重传播优势，能够同时传播文字、声音、影像或动画等多种文本形态。一般而言，用户在编辑 140 字以内的文本时，可根据信息需求插入表情或网页链接，也可以为文字配上相应的图片或视频加以说明，实现多媒体的传播效果。微博文本与其他文本相比更具个性化，随时随地发布的生产模式也使博文更具碎片化的特点。用户可用长微博或超链接的形式来详细叙述特殊事件，为粉丝提供更为详尽的细节性信息，尽可能的降低微博文本的碎片化程度。已发布的微博内容在博主不主动删除的前提下，可同时留存博文和评论，成为历史文化的记忆载体。新浪微博在不同用户群体中快速普及，形成了传统媒体与社会化媒体、虚拟空间与现实空间、公共领域与私人领域、传统文化与社会化媒体文化等多种对应关系。新浪微博的出现满足了当下中国信息用户的信息消费需求，改变了我国传统的舆论格局。中国微博用户在更开放的虚拟话语空间中实现了对社会公共事务的参与和讨论。尽管新浪微博中的部分内容是非理性的文化文本，但新浪微博的使用行为仍能刺激公民意识的觉醒。在满足网民对社会认知需要的前提下，新浪微博无形中成为国家文化传

① 陈卫星：《传播的观念》，人民出版社，2004，第 234–235 页。

播建构的一种网络方式。

新浪微博多种用户群体的参与丰富了社会化媒体场域的文化向度。新浪微博涵盖了来自不同文化背景的国内外用户，信息生产者的社会身份和文化背景的多样性使新浪微博成为多种文化碰撞与融合的公共领域，网民对自己生活的记录、对公共事务的评论、对微公益活动的参与等社会行为体现出其所属国家的价值观念、生活方式和道德标准等文化要素。信息文本作为人类精神世界的产物，在语言符号的组接中蕴含着各种隐喻性的文化内涵，具有一定的文化指向性。“一个文本就是一组用作符号的实体，这些符号在一定的语境中被作者选择、排列并赋予某种意向，一次性向读者传达某种特定的意义。组成要素包括：一组用作符号的实体——也可以说是构成了由那些符号组成的文本、符号、符号的选择和排列、意向、语境、作者、读者以及意欲传达的特定意义。”[①] 新浪微博用户生产的内容通过嵌入其粉丝圈维系个人人际圈中的人际关系，成为社会个体社会资本的积累途径。用户生产的微博文本是其精神世界的符号产物，用户根据自己所处的文化背景生产微博文本，强化与拥有共同兴趣爱好的用户之间的交流互动。微博文本符号的排列顺序和内在意蕴在传播过程中不断地被其他用户解构，完成一条信息社会意义的再生产。

新浪微博多阶层用户的特点提升了国家文化在媒介传播中的文化活力，文化大众化的路径能够有效提升国家文化在全球化语境下的文化竞争力。国家文化的发展与媒介的发展紧密相连，微博的出现拓宽了国家文化传播的宽度和广度。“面对新媒体时代，一切都在被异化着，所有原生态的文化都被新技术方式赋予新的解释。”[②] 用户在与大众媒介接触中接触文化、消费文化并生产文化。用户文化信息生产的过程既是国家文化被消费的过程也是国家文化被二次加工生产的过程。微博文本中体现出的用户价值观、生活方式

---

① 〔美〕乔治·J. E. 格雷西亚：《文本性理论：逻辑与认识论》，汪常砚、李志译，人民出版社，2009，第 16 页。

② 朱步冲、尚进、陈赛：《从 WAP 到 P2P：两场新时代电影节》，《三联生活周刊》2005 年第 10 期。

和意识形态等内容是对国家文化的深描。传播媒介形态改变的本身即标志着新的文化形式的形成，用户媒介接触习惯和消费信息行为的改变创造出新的文化形态。新浪微博的出现并未颠覆文化与媒介间的关系，而是延伸了文化在不同区域内的建构路径，尤其是拓宽了国家文化在虚拟空间中的传播场域。

新浪微博对国家文化的影响还体现在生活语言的层面。作为意义的生产工厂，新浪微博用户每天生产着成千上万的信息文本，形成了更具网络特色的微博文化。以微博中的段子体为例，“淘宝体”体现了网民日常生活中的网络购物行为；“甄嬛体”是网友效仿电视剧《甄嬛传》中的古韵文风而形成的风靡于新浪微博的段子体，充分地体现了观众的影视剧消费偏好；“三省体”则体现了网友对人生状态的思考以及激励自己寻找奋斗目标的人生动力。微博语言来源于国家语言，是在网民的信息消费中衍生出的适合网络传播形态的特殊语言形态，也是网民的审美取向和文化认同的表征。微博文化来源于国家文化，用户在信息生产中解构并建构着国家文化。

“媒介即讯息”[①]，新浪微博的传播形态是后现代文化的呈现，不仅是文化传播的工具，而且是以一种全新的媒介形态生产着国家文化的内容。全球化时代，各种传播媒介都是文化碰撞与融合的载体，新浪微博作为中国当下主流的社会化媒体之一，其 UGC 传播方式和不同于传统媒体的传播特点扩大了国家文化安全的边界，成为与国家文化安全息息相关的网络媒介。用户新浪微博使用既能够强化国家文化，也存在削弱国家文化凝聚力的风险。内容生产的隐匿性提升了微博信息监管的难度。信息用户社会身份的多元化使新浪微博的文化环境更加难以预测，尤其是境外用户的新浪微博，既为我国信息用户带来了极具吸引力的异质文化，也存在降低国家文化向心力的可能性。因此，我们应重视新浪微博在国家文化安全研究视阈中的作用和影响。

① 〔加〕麦克卢汉：《理解媒介——论人的延伸》，何道宽译，商务印书馆，2000，第 33 页。

第四章

境外媒体新浪微博账户与我国国家文化的碰撞

第一节　新浪微博场域中的境外媒体

境外媒体是对除我国境内媒体之外的世界其他国家媒体的统称。自2001年我国成功加入WTO以来，中国的传媒业不再是国内各级媒体一统天下的局面，而是呈现出本土媒体与跨国媒体相互竞争的传播图景。中国作为世界第二大经济体，既是世界各国媒体新闻报道的焦点，也是各大跨国媒体集团竞相追逐的利益市场。在媒介全球化的刺激下，我国媒体的国家化业务水平与日俱增，活跃在我国的境外媒体数量也在不断增加，供中国受众选择的信息范围越来越广。目前，全球最为著名的通讯社、报刊、杂志、广播和电视媒体几乎都通过设立办事处或与本土媒体合作的方式实现异质文化在中国的落地式传播，全球公信力高的西方跨国媒体集团更是渴望进入中国市场，如欧美国家的美联社、《金融时报》、《纽约时报》、BBC和《华尔街日报》等。除了西方国家媒体外，亚太地区较有影响力的日韩媒体也正在积极拓展中国的新闻业务。境外媒体对信息市场的争夺加剧了文化观点的交锋，境外媒体的报道视角、报道倾向和报道风格使我国信息市场中的观点更具多样性，信息文本中的异质文化元素对我国国家文化产生着多重影响。

互联网的应用为境外媒体在中国的信息落地提供了新途径，提供了多种语言服务的境外媒体中文网站应运而生。社会化媒体在中国的广泛使用又为境外媒体向中国用户推销观点和文化提供了新视角，注册新浪微博账户几乎是所有活跃在中国的境外媒体的重要举措。《境外力量积极利用中国微博扩大在华影响》的研究报告中指出，目前已有21个国家和地区的媒体在我国境内开设微博账户，“截至2012年6月11日，新浪微博、腾讯微博共有认证境外媒体账号299个，其中，新浪微博占95.3%，在数量上占据绝对优势”[①]。较之于我国其他的微博品牌而言，新浪微博是当下我国发展最为成熟的微博信息平台，也是境外媒体用户最多的社会化媒体。

整体看来，境外媒体的新浪微博账户大致可分为两类。第一类是来自我国的香港、澳门和台湾地区的媒体账户，如开设时间最早的@凤凰卫视、在香港地区具有较高媒体公信力的@明周MingPaoWeekly以及在新浪微博中活跃度较低的@星岛网等媒体账户。除香港地区外，台湾地区媒体的新浪微博账户也相当活跃，如@旺报@ETtoday新闻云等。澳门地区的新浪微博账户则数量较少且活跃度较低。我国香港和台湾地区的媒体注重新浪微博账户传播信息观点的文化功能，正如香港《南华早报》的新浪微博账户@SCMP_南华早报在微博首页中写到的那样“环球视野，聚焦中国”。我国港澳台地区媒体的新浪微博账户专注于本土信息的生产，并对国际事件作出多种视角的分析论述，其涉华新闻报道被国内外媒体用户和个人用户看作权威信源或来自中国的声音，具有重要的信息指向性，在涉华突发事件中更能产生国际舆论引导力。

第二类境外媒体用户是除我国香港澳门和台湾地区之外的其他境外媒体的新浪微博账户。自2009年新浪微博上线以来，欧美国家和亚洲地区国家的媒体纷纷开通新浪微博账户，以便能够直接向中国微博用户推销境

---

①《境外力量积极利用中国微博扩大在华影响》，2013年2月22日，http://news.takungpao.com/mainland/2013-02/1453618_2.html。

外新闻产品，如美联社的新浪微博账户 @ 美联社、《华尔街日报》的新浪微博账户 @ 华尔街日报中文网、英国《经济学人》的新浪微博账户 @ 经济学人中文网和法国的 @ 法新社等。亚洲地区的韩国、日本和马来西亚媒体也热衷于开设自己的新浪微博账户，如韩国 KBS 电视台的新浪微博账户 @myloveKBS、韩国 MBC 制作的综艺节目《我们结婚了》的新浪微博账户 @MBC 我们结婚了，日本《读卖新闻》的新浪微博账户 @ 读卖新闻中国，马来西亚《东方日报》的新浪微博账户 @ 马来西亚东方日报和新加坡《联合早报》的新浪微博账户 @ 早报网等。在国际境外媒体的新浪微博用户中，作为全球信源的欧美权威媒体较为活跃，但亚洲媒体也在积极开拓中国的新浪微博市场。

新浪微博在稳固国内市场的同时也在积极开拓海外市场。早在 2013 年，新浪微博就已宣布：拥有 Facebook 账户的海外用户可使用该账户直接登录新浪微博。同时，向其他国家和地区推销新浪微博国际版。因此，更多的境外媒体注意到中国新浪微博的全球影响力，开始制定新浪微博账户的运营策略。众多境外媒体账户的参与使新浪微博更具全球媒体的特征。最初，学界和业界对新浪微博的认知停留在传播媒介技术的变迁层面，随着新浪微博社会影响力的扩大，越来越多的研究者开始注意到新浪微博在国际传播中的作用，对境外媒体新浪微博账户的认识从表象向深层转变。

本研究中指涉的境外媒体新浪微博账户主要是指除香港、澳门和台湾地区外的境外国际媒体的新浪微博账户，其中以美国、英国、韩国和日本四个国家媒体的新浪微博账户为样本框，共抽取美国媒体新浪微博账户中的 @ 美联社和 @ 华尔街日报中文网，英国媒体新浪微博账户中的 @ 路透中文网 Retuers 和 @FT 中文网，日本媒体 @ 读卖新闻中国和 @ 日本共同社的新浪微博账户，以及韩国媒体 @myloveKBS 和 @ 韩国中央日报为境外媒体新浪微博账户的研究样本，试图考察境外媒体的新浪微博账户对我国国家文化产生的影响深度和广度。

第二节　境外媒体新浪微博账户概览

在本文的研究样本中，美国和英国的媒体在新浪微博上线运营的初期阶段就已意识到社会化媒体传播文化信息的媒介优势。四大欧美境外媒体分别于 2010 年前后开通了新浪微博账户。至 2012 年新浪微博发展的成熟期，日本和韩国的媒体才开始分别注册新浪微博账户。如下表所示：

表 4.1　　八家境外媒体新浪微博的上线时间表

境外媒体微博账户名称	@ 美联社	@ 华尔街日报中文网	@ 路透中文网 Retuers	@FT 中文网	@ 读卖新闻中国	@ 日本共同社	@ 韩国中央日报	@myloveKBS
开通新浪微博的时间	2011.11.15	2009.9.23	2010.4.7	2010.2.23	2011.12.23	2012.3.5	2011.3.21	2012.5.17

八家境外媒体新浪微博账户按照微博内容属性大致可以分为两类。第一类是新闻类境外媒体新浪微博，包括 @ 华尔街日报中文网、@ 美联社、@ 路透中文网 Retuers、@FT 中文网和 @ 日本共同社。这五家境外媒体的新浪微博账户依托于境外媒体的国际信息生产实力，以境外媒体的中文网站为信源，将新浪微博作为实现境外新闻业务中国本土化的业务平台。在文本编码上，140 字的新浪微博更具新闻导语的功能特征，通过简短的文字描述吸引用户的关注，帮助用户在海量信息中快速检索到更符合个人信息消费需求的新闻资讯，填补用户的碎片化时间。此外，这些微博账户善于在微博末端插入网页链接，以便对微博内容作深度报道，尽可能地满足用户了解新闻细节的信息需求。新闻类境外媒体的新浪微博账户作为境外媒体中国本土化的渠道之一，与境外媒体的中文新闻网相辅相成，提升境外媒体在中国的品牌知名度。@FT 中文网除兼具上述新闻类境外媒体新浪微博账户的特点外，往往会追加一条微博表明对上条微博的态度和观点，充分发挥了新浪微博的信息评论功能，与中国用户积极互动。

第二类是以发布文化娱乐内容为主、以提供时政新闻为辅的境外媒体新浪微博账户。这类账户的微博发布通常不附带中文新闻网的链接，且内容更具娱乐性，多以社会奇闻、生活感悟以及明星趣事等内容为主，如 @myloveKBS、@ 韩国中央日报、@ 读卖新闻中国。娱乐类境外媒体新浪微博账户以日本和韩国媒体为主，侧重于本国文化信息，传播本国流行文化。尽管这类新浪微博账户开通的时间较晚，但由于内容的娱乐性和趣味性，且贴近中国用户的文化娱乐生活，在短时间内也集聚了较高的网络人气，拥有大批粉丝。

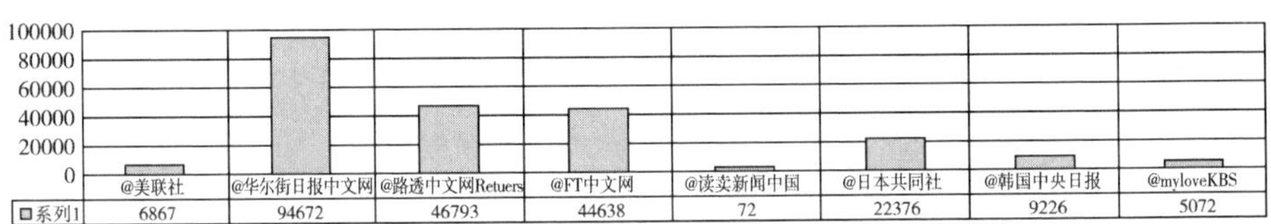

图 4.1　境外媒体新浪微博账户样本的粉丝数量分布（单位：人次）

研究样本中开通新浪微博最早的境外媒体是美国的《华尔街日报》，最晚的是韩国的 KBS 电视台，二者在时间上相距近两年半。2011 年是境外媒体开通新浪微博账户的时间分界点。2011 年之前开通的境外媒体新浪微博账户在新浪微博的萌芽期就已吸引到大量用户的关注，拥有坚实的粉丝基础，并将用户优势延续至今。@ 华尔街日报中文网是样本中开通新浪微博账户最早的境外媒体，经过六年的悉心经营，粉丝人数近 1204 万，是八个样本中粉丝人数最多的境外媒体新浪微博账户。开通新浪微博账户最晚的韩国广播公司 KBS 的微博账户 @myloveKBS 却并非是粉丝最少的账户。在八个样本中，粉丝人数最少的是开设于 2011 年 12 月 23 日的 @ 读卖新闻中国，仅 2570 人。从粉丝数量来看，美国媒体是四个国家中最受中国用户欢迎的境外媒体品牌，共计约 1222 万人次。日本、英国和韩国分列第二、三和四位。美联社作为全球性的大型通讯社，@ 美联社并未体现出应有的用户优势，粉丝人数仅为 @ 日本共同社的 14%。美国两家媒体的新浪微博使用频率的反差较大，@ 美联社的最后一条新浪微博发布于 2014 年 11 月 15 日，从开通到停止发布微博的三年时间内，平均每日发布 6 条微博。@ 华尔街日报中文网在五年约 2190 天的时间内，共发布 94672 条微博，平均每日发布 43 条微博，是日活跃度最高的境外媒体新浪微博账户。英国两家媒体的新浪微博账户日活跃度相近，在近 2000 天中平均每日发布 23 条微博。日本媒体 @ 读卖新闻中国是运营时间最短的境外媒体新浪微博账户，在 117 天里总共发布了 72 条微博，日活跃度仅为 0.62，相当于每两天才发布一条微博。另外一家日本媒体的新浪微博账户活跃度较高，在 @ 日本共同社运营的 1303 天中，平均每天发布 18 条微博。@ 日本共同社的日活跃度是 @ 读卖新闻中国日活跃度的 29 倍。韩国两家媒体的新浪微博账户日活跃度相差不大。@ 韩国中央日报在开设新浪微博的 1646 天中，共发布 9226 条微博，平均每天发布 6 条微博。@myloveKBS 在使用新浪微博的 1225 天中，共发布 5072 条新浪微博，平均每天发布 4 条新浪微博。从微博发布的日活跃度来看，八家境外媒体新浪微博账户的差异较大，活跃度最高的是 @ 华尔街日报中文网，平均每天发布 43 条微博，而活跃度最低的是 @ 读卖新闻中国，平均每天仅发布 0.62 条微博，二者相差了近 69 倍。韩国媒体的新浪微博账户在四个国家媒体新浪微博中活跃度最低，日平均发布量未超过 10 条。

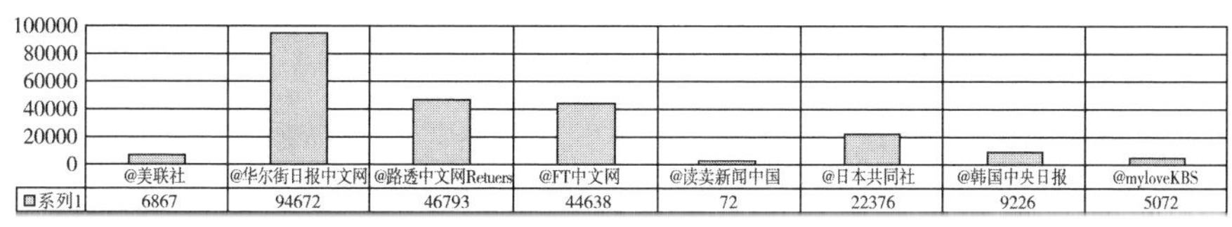

图 4.2　境外媒体新浪微博账户样本发布的微博总量（单位：条）

综合开设时间、粉丝数量以及日活跃度三个因素，新浪微博账户的开设时间与境外媒体新浪微博账户在中国的受欢迎程度之间不具有直接关系。微博账户的日活跃度与粉丝数量密切相关，日活跃度越高的境外媒体新浪微博账户的粉丝数量也越多。粉丝人数越多的账户，其信息在中国社会化媒体中的覆盖面就越广，信息能够推送到更多用户的客户端。微博作为境外媒体与中国用户互动的信息文本，传播范围、传播数量和传播内容等因素都与对中国用户的文化影响密切相关，也进一步关系到我国的国家文化安全。

第三节　境外媒体新浪微博账户的内容分析

一、境外媒体新浪微博账户的信源特征

在中国的社会化媒体中，境外媒体用户多是全球性的传播媒介，作为新浪微博中的特殊用户群体，境外媒体的新浪微博账户名是呈现媒体品牌公信力的媒介符号，也是引发用户关注行为的重要指标。研究样本中的大多数境外媒体新浪微博账户的信源主要来自境外媒体或境外媒体的中文网。这些账户在微博内容末尾处的网页链接或新闻出处都具有强烈的信源特征。账户所归属的媒体性质决定了其微博发布的整体基调，美国的《华尔街日报》和英国的《金融时报》是财经类传统媒体，以全球商业领域的新闻报道为主。信源的专业性决定了 @ 华尔街日报中文网和 @FT 中文网的微博以发布财经新闻为主，是典型的财经类新浪微博账户。三家全球大型通讯社的新浪微博账户凸显了通讯稿件网络发布的特点，@ 路透中文网 Retuers、@ 美联社和 @ 日本共同社侧重于搜集和发布信息，信息向度广，不局限于固定的专业领域，试图涵盖社会、政治、经济、文化、军事和外交等所有层面。@ 路透中文网 Retuers 的微博在 140 字的内容中能够体现出新闻综述、特写、报道和焦点等报道形式的特征，多发布更为细致的观点信息，网页链接以深度报道见长。国际通讯社新浪微博账户中发布的文字、新闻图片或视频几乎都来自其所归属的媒体品牌。与上述境外媒体新浪微博账户不同的是，@ 美联社在每条微博的结尾处以“AP Photo 加作者名”的形式标明图片的信源，刻意强调信息出处的权威性。国际通讯社的新浪微博账户更善于利用自身丰富的信源，在重大国际事件或突发事件中，通过专题性报道和连续性报道的手段强化其新浪微博账户的舆论引导力。如今，跨国媒体的信息传播实现了通讯稿、新闻网站和微博等多种全球传播渠道的整合，信息从生产到传播的价值不断被最大化。KBS 作为韩国最大的广播电视公司，其文化产品生产主要集中在

电视综艺节目和影视剧两部分。@myloveKBS 发布的博文一般情况下未出现 KBS 韩国的网页信息，微博内容主要传播 KBS 自行生产的韩国本土影视剧，以推介韩流文化为传播目的。另一家媒体《中央日报》是韩国权威性最高的传统报业集团。中央日报中文网和 @ 韩国中央日报是《中央日报》在中国境内的两大主要传播渠道。《中央日报》在中国开设的中央日报中文网能够同时提供中文（简体中文、繁体中文）、韩文、英文和日文四种语言服务，适合亚洲主要国家用户的新闻阅读习惯。@ 韩国中央日报的微博内容涵盖了全球财经消息、韩国本土的社会新闻、韩国与他国之间的外交往来、韩流时尚、体育围棋以及韩国旅游和留学等内容。

在八个研究样本中，@ 读卖新闻中国与上述境外媒体新浪微博账户的信源特征不同。@ 读卖新闻中国的微博不具有新闻特性，侧重于新浪微博社交功能的使用，娱乐性的特质更明显。发布者也以《读卖新闻》的驻华记者为主，微博结尾处偶尔会标明微博作者，如“现在，微博成了每日生活的必需品，一日不上如隔三秋。读卖新闻也开通了微博，明年大家一起微博控（子凡）”。@ 读卖新闻中国的内容与读卖新闻中文网提供的信息不同，前者更希望通过对话的形式与中国新浪微博用户建立起心灵层面的联系。

在新浪微博中，各类用户几乎都能成为独立信源，传播和生产与事件有关的信息内容，这也使新浪微博更容易生产并传播谣言。在难以甄别信息真假以及信源匮乏的情况下，用户更倾向于接受来自权威信源的信息。在 2014 年 3 月发生的“马航 MH370 失联”事件中，各种将信息源伪装成 CNN 或美联社等全球性媒体的虚假信息在新浪微博中被大肆转载，甚至成为国内知名媒体的信源，让真相更加扑朔迷离。从这一事例可以看出，信源的媒体公信力影响着受众对境外媒体微博的选择和接受。权威信源在社会化媒体中更易成为人们普遍追逐的对象，信源作为信息的出处，是信息客观性和公正性的重要指标。样本中的五家境外媒体新浪微博具有极强的新闻特性，三家境外媒体新浪微博不具有明显的信息源，更侧重于新浪微博的社交功能以及文化娱乐功能。常标明新闻链接或信源出处的境外媒体新浪微博账户注重与中文新闻网形成信息整合的传播优势，在积极利用新浪微博向中国用户推销信息的同时也试图吸引中国用户浏览中文新闻网，推广微博文本的信源，提升境外媒体品牌在中国社会的知名度和影响力。

二、境外媒体新浪微博账户的报道对象

（一）新闻类微博文本生产以国家为单位

新闻类境外媒体的新浪微博账户发布的微博内容视域广泛，且国别特征较为明显。本文以各境外媒体新浪微博账户为基本单位，按照中国、美国、日本、韩国、欧洲、亚洲和其他七大类对不同国家和地区的报道数量进行归类和统计。其中，在亚洲类的文本归纳中不再涉及中国、日本和韩国三国，中国报道的文本包括中国大陆、香港、台湾和澳门地区。在“其他”这一类别的微博内容归类中，包括分类国家之外的所有国家和地区的报道。在分类和统计过程中，如遇到一条微博内容同时涉及两个或两个以上国家，则按照微博文本中侧重的国家和地区归类。这里，仅将国别和地区划分为七大类，并未穷尽样本中涉及的所有国家。事实上，详尽样本中出现过的所有国家和地区难以实现，也不利于本选题的量化分析。分析新闻类境外媒体新浪微博

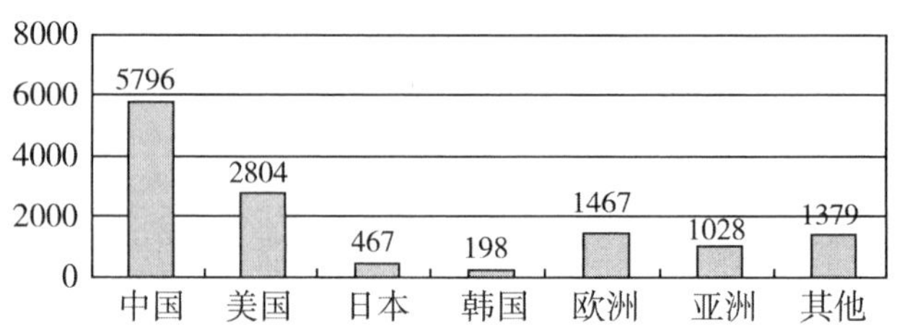

图 4.3 @华尔街日报中文网微博的国家分布图（单位：条）

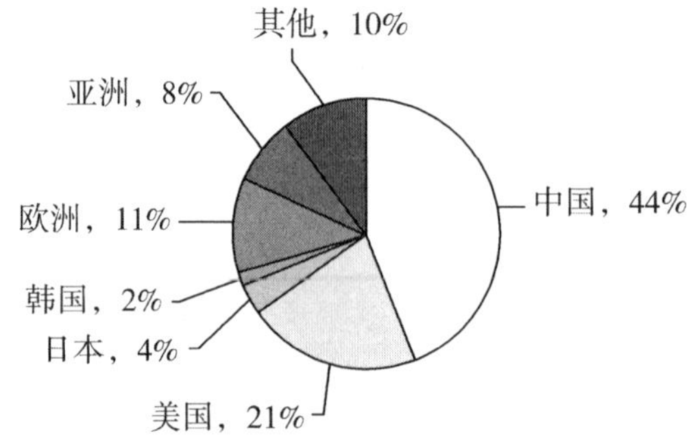

图 4.4 @华尔街日报中文网报道的国家比例分布图

账户文本中体现出的国别特征，有利于观察境外媒体新浪微博账户信息生产中的国别倾向，探究其微博发布中呈现出的区域性特点。

@华尔街日报中文网在研究时段内共发布13139条微博，其中涉及中国的微博共5796条，占微博总量的44%，平均每日发布与中国有关的各方面的信息16条，最多的一天高达35条，最少的一天为0条。@华尔街日报中文网发布的与美国有关的微博共2804条，占微博账户年生产总量的21%。有关欧洲地区的微博共1467条，占微博账户年生产总量的11%。有关亚洲其他国家的报道1028条，占微博总量的8%。日本是@华尔街日报中文网微博发布的另一个重点国家。从图4.7中可以看出，与中国有关的微博在

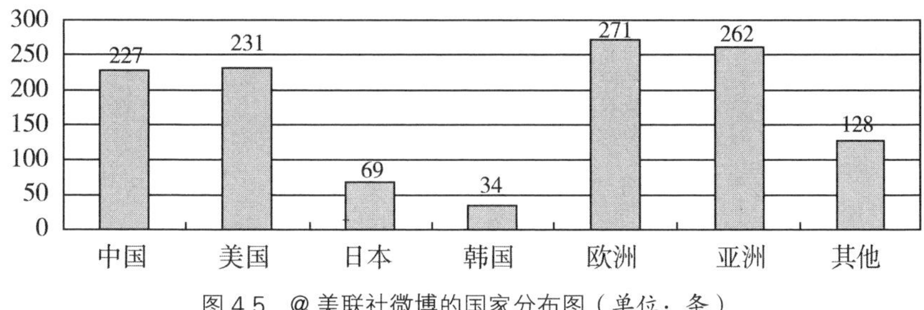

图4.5 @美联社微博的国家分布图（单位：条）

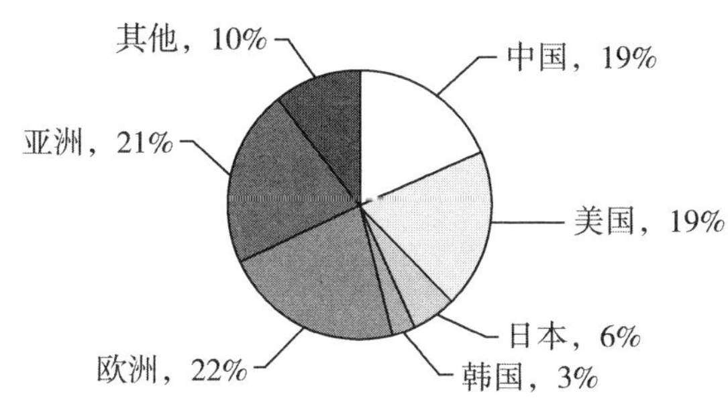

图4.6 @美联社报道的国家比例分布图

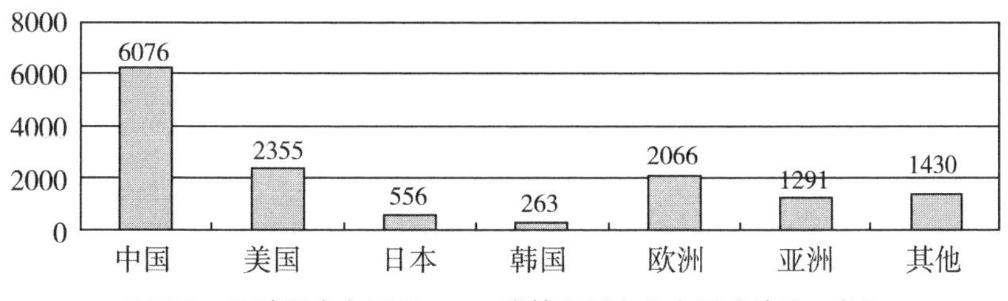

图4.7 @路透中文网Retuers微博的国家分布图（单位：条）

第四章 境外媒体新浪微博账户与我国国家文化的碰撞

@路透中文网一年中发布的全部微博中占绝对性的优势，远远高于其他国家和地区，占到其他六类总和的 78%。

@美联社在研究时段内共发布 1222 条微博。其中，与欧洲国家和地区相关的微博数量最多，达到 271 条，占全年微博总量的 22%。与亚洲国家和地区相关的微博次之，共 262 条，占全年微博总量的 21%。@美联社对美国和中国的报道数量相当，分别为 231 条和 227 条，各占全年微博总量的 19%。@美联社对韩国和日本的微博发布数量较少，分别占微博账户年生产总量的 3% 和 6%。从图 4.5 中可以看出，欧洲和亚洲的微博数量仅差 9 条，美国于中国的微博数量仅差 4 条，@美联社对这四个区域的微博发布整体比较均匀。与@华尔街日报中文网不同的是，中国并未成为@美联社微博报道的主要对象。

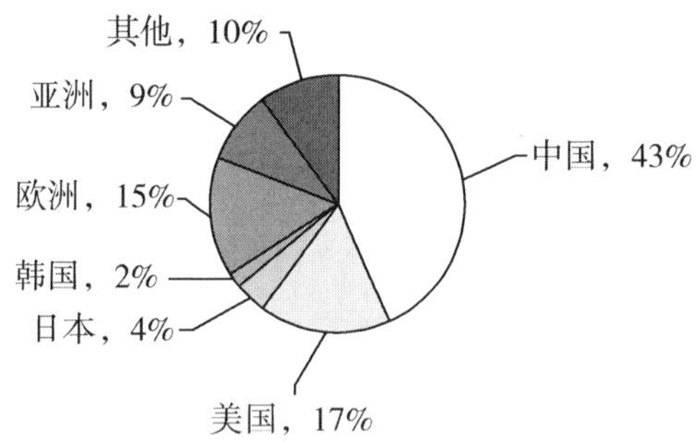

图 4.8　@路透中文网 Retuers 微博报道国家的比例分布图

@路透中文网 Retuers 在一年中共发布 14037 条微博，其中与中国有关的微博达到 6076 条，是七个区域中被报道次数最多的国家，占年微博总量的 43%。美国是被报道数量位列第二的国家，@路透中文网 Retuers 共发布 2355 条关于美国的微博，占总量的 17%。排名第三位的是欧洲国家和地区，占总量的 15%。日本和韩国被报道的数量较少，分别为 556 条和 263 条，各占 4% 和 2%。在路透中文网 Retuers 中，有关中国的微博总量（6076 条）是美国微博总量（2355 条）的 2.58 倍，是欧洲微博总量（2066 条）的 2.94 倍，是被报道数量最少的韩国（263 条）的 11 倍。

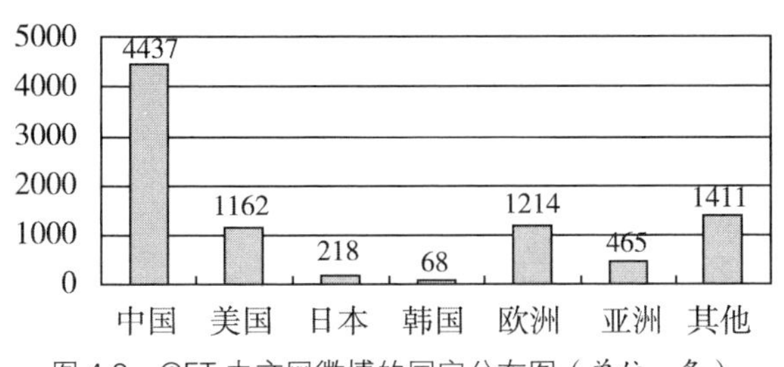

图 4.9 @FT 中文网微博的国家分布图（单位：条）

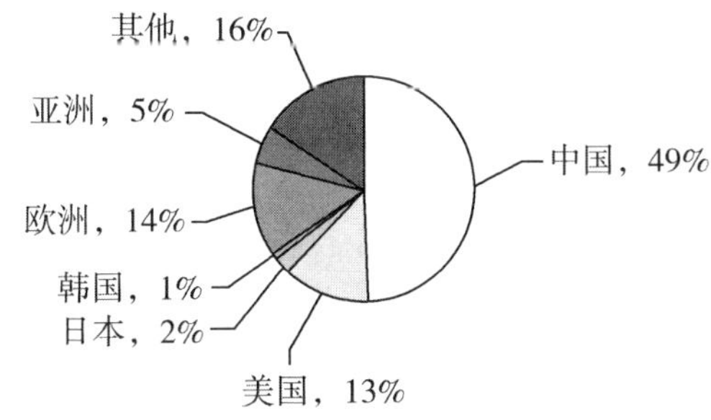

图 4.10 @FT 中文网微博报道国家的比例分布图

@FT 中文网一年中共发布 8975 条微博，关于中国的微博数量远远超过其他国家和地区，共 4437 条，占全年微博总量的 49%。其他六个国家和地区一年来的微博总量共计 4538 条，仅比中国多 101 条。@FT 中文网较为重视对美国和欧洲地区的报道，分别为 1162 条和 1214 条，各占全年微博总量的 13% 和 14%。@FT 中文网对中国的微博报道是对美国微博报道总量的 3.8 倍，对欧洲微博报道的 3.65 倍。在七个国家和地区的微博报道中，日本和韩国的微博数量相对较少。

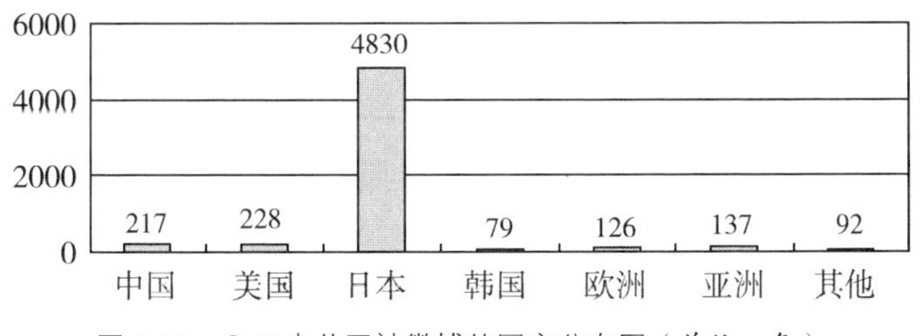

图 4.11 @ 日本共同社微博的国家分布图（单位：条）

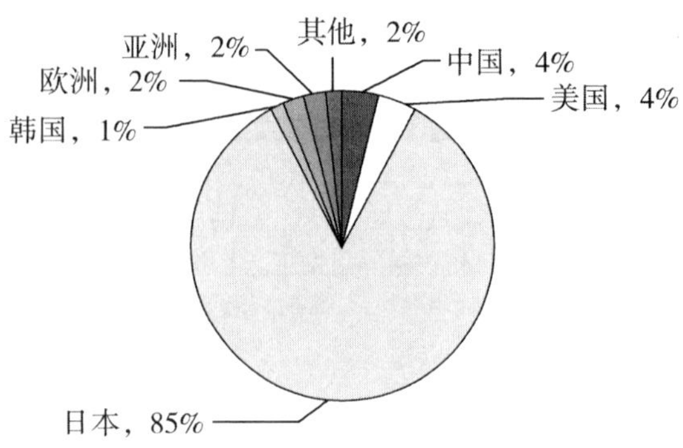

图 4.12　@ 日本共同社微博报道国家的比例分布图

@ 日本共同社一年中共发布 5709 条微博。与其他几个样本不同的是，@ 日本共同社以日本为报道重点，因此与日本相关的内容数量呈现出绝对性的优势，共 4830 条，占全年微博总量的 85%。其他六个国家和地区的微博总数为 879 条。与日本有关的微博总量是其余国家和地区总和的 5.49 倍。与美国和中国有关的微博数量各占总数的 4%，亚洲、欧洲和全球其他地区合占 6%，而韩国仅占 @ 日本共同社全年微博总量的 1%。

表 4.2　　五家境外媒体新浪微博对全球地区的微博比例分类

	中国	美国	日本	韩国	欧洲	亚洲	其他
@ 华尔街日报中文网	44%	21%	4%	2%	11%	8%	10%
@ 美联社	19%	19%	6%	3%	22%	21%	10%
@ 路透中文网 Retuers	43%	17%	4%	2%	15%	9%	10%
@ FT 中文网	49%	13%	2%	1%	14%	5%	16%
@ 日本共同社	4%	4%	85%	1%	2%	2%	2%

在新闻类境外媒体微博账户中，@ 华尔街日报中文网、@ 路透中文网 Retuers 和 @FT 中文网三家微博账户极为重视对中国的微博报道，美国和欧洲成为这三个境外媒体微博账户报道的次重点。@ 日本共同社以传播日本本国信息为主，对其他国家和地区的报道相对平均。@ 美联社的微博报道更具平衡性，对各国家和地区的报道数量彼此相差不大，但与中国和美国有关的微博仍然占据一定的数量优势。整体看来，作为境外媒体本土化战略的重要市场，中国仍是境外媒体新浪微博发布的重点对象国。

（二）娱乐类微博文本的文化特征

娱乐类境外媒体新浪微博账户在发布微博时，以发布本国文化娱乐信息为主，且各自呈现出自己的独特风格。鉴于研究样本的差异性，对娱乐类境外媒体新浪微博的分类将根据各自特征分别进行阐释。样本中韩国媒体的新浪微博账户信息发布呈现出内容同质化的特点，在内容上更凸显韩流的文化特征，主要以明星、影视剧、音乐、社会、国际、军事和经济问题为主。日本的 @ 读卖新闻中国则以发布驻华记者的工作和生活感悟为主。因此，笔者将 @ 读卖新闻中国单独分为工作、生活、娱乐、学习、新闻和社会六类进行分析。

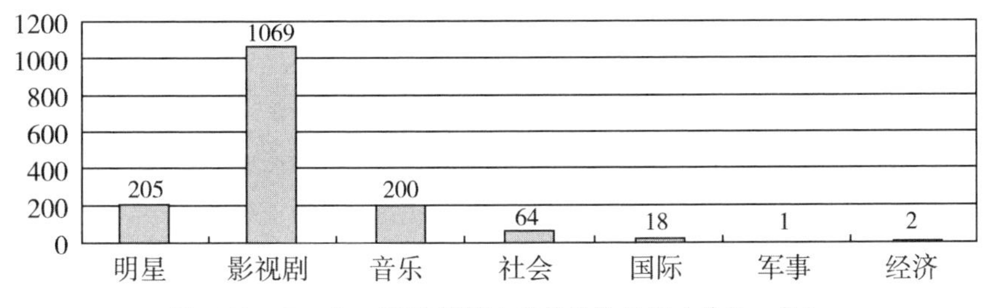

图 4.13　@myloveKBS 微博内容分类数量图（单位：条）

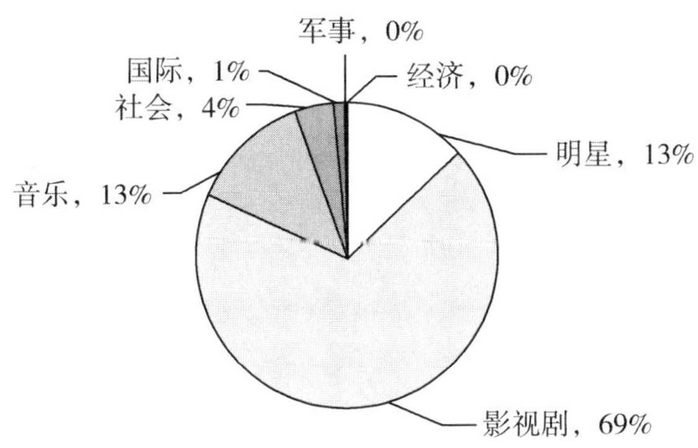

图 4.14　@myloveKBS 微博内容分类比例图

一年来，@myloveKBS 的微博内容全部为韩国本土的文化信息，以韩国广播公司自制的综艺节目、影视剧、纪录片以及电影等影像产品为主，包括影视剧更新、参与节目的韩国明星、最新生产的电视综艺节目或各种影视剧颁奖典礼等，共 1069 条，占全年微博总量的 69%，是其他六类内容总和的 2.2 倍。其次，对韩流明星动态的发布是 @myloveKBS 报道的另一重点内容，包括明星动态、中国粉丝会和明星获奖感言等，共205条，占全年微博总量的13%。K-POP（韩国流行音乐）是@myloveKBS的另一个重点内容，主要发布韩国本土流行音乐的最新动态，共200条，占全年微博总量的13%。与其他样本不同的是，@myloveKBS对社会、经济、军事和国际方面的内容鲜有涉及，以向中国用户传播韩流文化为主要目的。

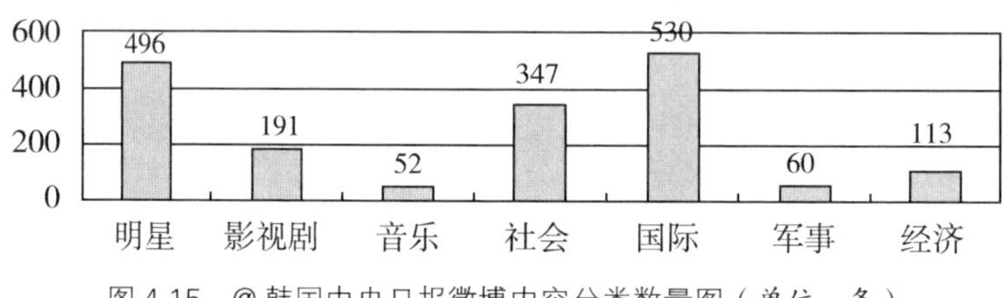

图4.15　@韩国中央日报微博内容分类数量图（单位：条）

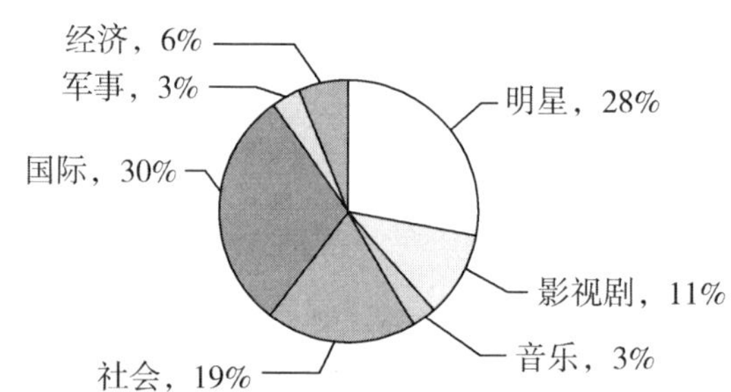

图4.16　@韩国中央日报微博内容分类比例图

在全年的1789条微博中，@韩国中央日报发布了739条有关韩流文化的内容，其中韩国明星是韩流类微博中的主要内容，占韩流内容总量的一半以上，占全年微博总量的28%。在侧重于韩流报道的同时，@韩国中央日报也十分重视时事新闻的报道，尤其是对涉韩国际新闻的报道，共530条，占全年报道总量的30%。此外，韩国本土的社会新闻是@韩国中央日报发布的另一个重点内容，主要向中国用户推介韩国的特色美食、旅游景点、影视剧拍摄地以及风俗民情，以期通过新浪微博进一步提升中国用户对韩国社会的了解。在国际新闻类的报道中，@韩国中央日报更重视与东北亚国家之间的关系，尤其是韩朝关系、韩中关系、韩日关系。相对而言，经济和军事信息未成为@韩国中央日报对华微博用户传播的重点内容。

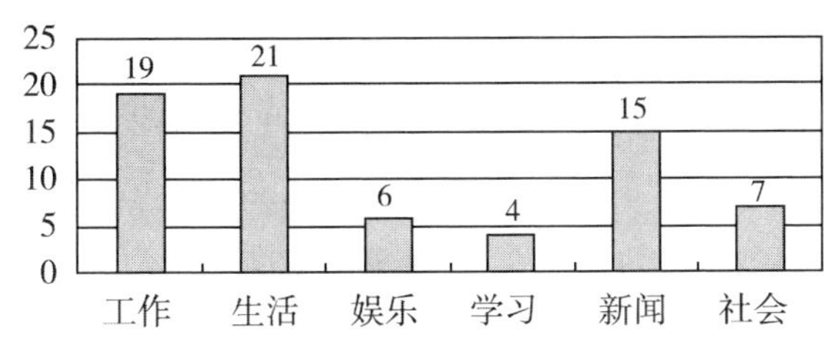

图 4.17　@ 读卖新闻中国微博内容分类数量图（单位：条）

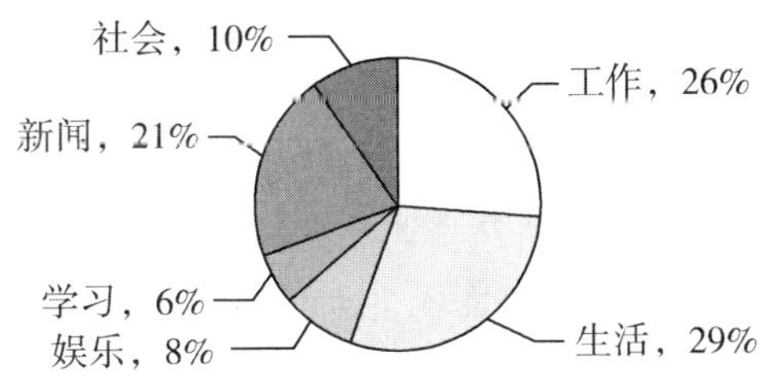

图 4.18　@ 读卖新闻中国微博内容分类比例图

@ 读卖新闻中国是八个样本中发布微博数量最少的微博账户，从开通微博到停止更新微博共发布 72 条微博。在全部微博中，生活类微博共 21 条，占总量的 29%，工作类微博共 19 条，占总量的 21%，二者合计占到了全部微博的 50%。新闻报道是 @ 读卖新闻中国报道的次重点，占全部微博的 21%，共 15 条。虽然 @ 读卖新闻中国的微博总量远远低于其他样本，但发布的内容呈现出与其他样本不同的话语特征，侧重于从生活的视角对中国用户产生影响，微博编辑以自己在中国工作、生活、学习和社交传播内容，微博内容整体更加人性化，部分微博在结尾处还会额外注明编辑人员的化名。

娱乐类境外媒体新浪微博账户在微博发布时，善于编辑生活和娱乐信息，更具软新闻的特征。韩国媒体更热衷于传播本国文化，推广本国的文化产品，向中国用户营造出时尚韩国的虚拟氛围，吸引中国粉丝对韩流文化的关注。@读卖新闻中国与另一家日本媒体@日本共同社在内容风格上差距非常大，前者生产的内容既描绘了《读卖新闻》工作人员在中国的所见所闻，又刻画出微博生产者心灵深处的人生感悟，更加贴近用户的情感世界。

（三）境外媒体新浪微博账户的报道主题

五家新闻类境外媒体新浪微博（@ 华尔街日报中文网、@ 美联社、@ 路透中文网 Retuers、@FT 中文网和 @ 日本共同社）在一年的抽样时段中，共发布 42902 条微博。以“经济”为关键词对全部微博进行检索时发现，@ 华尔街日报中文网全年发布的经济内容微博共 2228 条，@ 路透中文网 Reuters 共 2227 条，@FT 中文网共 1797 条，@ 美联社共 4 条，@ 日本共同社共 382 条。新闻类境外媒体新浪微博账户发布的经济信息合计 6638 条，占全年新闻类境外媒体新浪微博发布微博总数的 15%。其中，以“中国经济”为关键词对样本进行二次检索时发现，@ 华尔街日报为 1260 条，@ 路透中文网 Reuters 为 1094 条，@FT 中文网为 1131 条，@ 美联社为 2 条，@ 日本共同社为 64 条，合计 3551 条，占新闻类境外媒体新浪微博账户中经济类微博内容总量的 53%。新闻类境外媒微博账户更偏重于对全球经济议题的报道，尤其重视对中国经济问题的报道。

国际关系类微博是新闻类境外媒体新浪微博发布的另一重要议题。本研究以“中俄、中美、中日、中韩、中欧、中泰、中朝和中印等十二组描述中国与他国关系的关键词进行检索发现，五家新闻类境外媒体新浪微博账户共发布 3209 条国际关系类的内容，占新闻类微博样本总量的 8%。@ 华尔街日报中文网共发布了 1146 条有关中国和世界其他国家之间外交往来的微博，中俄、中美、中日和中印是 @ 华尔街日报中文网发布的重点，占议题总数的 84%。@ 路透中文网 Reuters 对此类议题也颇为关注，共发布 1433 条微博，中俄、中美、中日和中韩关系是其重点，占议题总数的 74%。@FT 中文网发布的外交类内容数量相对较少，为 426 条。中美、中俄、中日和中新关系被报道的数量较多，占议题总数的 62%。@ 日本共同社共发布 198 条外交类议题的内容，中美、中日、中韩和中印关系占整个议题的 46%。作为新闻类境外媒体微博账户，@ 美联社的发布重点并未集中在本类议题，数量较少，共 6 条内容与国际关系内容有关。新闻类境外媒体新浪微博账户重视对中国和东北亚国家外交事务的报道。此外，中国同世界大国之间的关系也是新闻类境外媒体新浪微博账户内容发布频率较高的内容，如中美关系和中印关系。

体育娱乐类内容是新闻类境外媒体新浪微博账户发布的第三个重点，共有 1626 条微博与体育娱乐类内容相关，占新闻类微博总量的 5% 左右，包括美国好莱坞电影、音乐、明星动态以及全球体育赛事或体育明星动态。@ 华尔街日报中文网共有 387 条内容涉及体育娱乐内容，这些内容普遍以美国流行文化为主。美国另外一家媒体的微博账户 @ 美联社更热衷于发布体育娱乐内容，是新闻类微博账户中发布体育娱乐内容最多的微博，共 463 条。比发布体育娱乐内容最少的 @ 路透中文网 Reuters（210 条）多 253 条。@ 日本共同社和 @FT 中文网分别发布了 338 条和 228 条体育娱乐类的微博。

值得一提的是，移动智能设备是当下科技类议题讨论的热点，尤其是美国苹果公司和韩国三星公司的智能设备常成为境外媒体在微博中发布的热门话题。样本中关于苹果和三星产品的内容共计 1011 条，占新闻类微博样本的 3%。@ 华尔街日报中文网有关苹果的内容达 376 条，关于韩国三星的内容达 134 条。@ 路透中文网 Reuters 发布了 220 条“苹果”微博、84 条“三星”微博，@FT 中文网发布了 132 条“苹果”微博、42 条“三星”微博。@ 日本共同社对本类选题的关注较少，仅 18 条关于“苹果”，5 条关于“三星”的微博。相比境外科技品牌而言，@ 日本共同社更关注本国工业和产业品牌，如索尼公司、丰田汽车、三菱重工等。在 @ 美联社抽取的样本中，没有出现本议题的内容。

上述四类主题占新闻类微博总量的 31%。在其他类的议题中，招聘启事、媒体的官方活动或媒体与社会交流合作的内容占到相当大的部分，但这些内容并非本文讨论的重点。加之，微博发布的功能使一些样本的议题属性较为模糊。如果在分析中加入这类议题属性不明确的样本则会影响最终的研究结论，故未将此类文本纳入量化分析的范畴。整体看来，在新闻类境外媒体新浪微博账户发布的内容中，全球经济、涉华经济、国际关系、体育娱乐和科技类议题是境外媒体重点关注的领域。社会事件、风俗人情、旅游文化等议题内容数量较为平均。国际突发事件在事发的初期阶段容易迅速成为境外媒体新浪微博账户报道的重点，但随着时间推移，微博账户对这类事件的持续关注度快速降温。

娱乐类境外媒体在抽样期内共发布微博 3370 条，电影、电视剧、明星和音乐为主的微博占娱乐类微博总量的66%，共2217条微博。社会、国际、军事、工作生活类微博总量未超过半数。娱乐类微博更注重发布“软微博”，强调内容的综艺性和娱乐性，重视对本国国家文化的传播，利用新浪微博的传播渠道优化本土文化内容的全球传播策略。

（四）境外媒体新浪微博账户呈现出的文化图景

由于研究中的八家境外媒体的内容性质不同，针对的受众群体不同，因此各境外媒体的新浪微博账户报道的区域重点、热点以及微博叙事风格等都略有不同。首先，在新闻类境外媒体发布的微博中，微博发布的重点区域各不相同。四家欧美地区媒体的微博分别以中国、美国、欧洲、亚洲地区其他国家为主要报道对象。其他类的报道总量虽然超过亚洲的报道量，但其他类中涵盖了对除上述分类外的所有其他国家、组织或事件的报道。这样看来，亚洲国家的微博总量较其他类的微博总量而言更具参照性，仍然是欧美国家微博报道的重点地区。中国作为境外媒体推销新闻资讯和文化娱乐信息的对象国，境外媒体新浪微博账户对中国的微博发布数量和频率都远超其他国家和地区。美国作为全球超级大国，也是新闻类境外媒体微博账户微博发布的重点目标，美国的经济发展、外交政策以及文化娱乐等方面的资讯都是境外媒体信息生产的素材。欧洲文化作为全球具有代表性的文化体系之一，风俗人情、经济发展以及当地的文化传统是境外媒体新浪微博账户生产微博的主要内容。欧美国家的境外媒体在微博生产中，注重美国和欧洲文化的在华传播，将新浪微博作为文化全球化的传播平台，通过观点和文化相结合的方式在微博文本中对中国用户产生潜在的文化影响。

尽管日本两家媒体的新浪微博账户在报道内容上完全不同，但二者都基于本国的文化视角，传播本国各方面的信息。新浪微博账户对@日本共同社而言是传播日本文化，树立日本国家文化形象的社会化媒体平台。@日本共同社更重视报道日本的政治、经济、文化、军事和国际方面的信息，试图向中国用户报道日本的方方面面，树立日本积极正面的国家形象，而对中国本土和西方国家报道的数量较少。@读卖新闻中国在信息发布上更偏向于中国，以在华日本人的身份感慨在中国生活和工作的方方面面，他者的视角更加明显。

与欧美国家媒体的新浪微博账户不同，中国并未成为韩国媒体新浪微博账户报道的重点对象。韩国媒体新浪微博账户内容的娱乐化倾向更明显，@韩国中央日报和 @myloveKBS 两家韩国媒体的新浪微博账户从韩国视角出发，偏重韩国流行文化的在华传播。@ 韩国中央日报在偏重娱乐信息生产的同时，也善于通过报道韩国与周边国家的外交关系来凸显韩国和平友好的国家形象。@myloveKBS 则利用新浪微博账户对中国用户传播当下韩国最为火热的韩流信息，尤其是 KBS 生产的电视剧、综艺节目和颁奖典礼等，文化娱乐的信息氛围更为明显。

在境外媒体新浪微博账户的微博发布构建的文化图景中，中国是美国和欧洲境外媒体微博发布的重点国家。这些账户在运营思路上重视本土用户的本土信息诉求，在内容上做到了接近性和趣味性，以新闻资讯为主要文化产品向中国本土用户传播异质文化和境外观点。中国成为欧美国家报道的重点对象，而日韩国家更热衷于报道本国的文化信息。事实上，境外媒体新浪微博使用勾勒出的文化图景也深受国际舆论环境和本国对华政策的客观影响。境外媒体微博账户作为境外媒体在华文化传播活动的有机延伸，在某种程度上折射出其试图对我国新浪微博用户产生文化影响的传播意图。

三、境外媒体新浪微博账户文化价值观念的倾向性

上述分析能够反映出境外媒体新浪微博账户微博发布的总体趋向，但未能详尽样本中微博内容呈现出的文本特征。因此，为了探究境外媒体新浪微博账户的微博内容对我国用户产生的文化影响和境外媒体新浪微博账户传播的异质文化信息对我国国家文化产生的影响，并综合考察它们之间的内在联系。在这一部分的分析中，本研究将对具有典型性的微博文本作更为深入的解读。

“全球化也具有意识形态性，因为它试图根据一种比任何东西都更有效地服务于一些利益的新的全球想象来重新建构世界。”[①] 传播媒介在全球化语境

① 王宁、薛晓源主编《全球化与后殖民批评》，中央编译出版社，1998，第 3 页。

下作为意识形态传播的渠道对用户个体和国家文化产生的影响是不可忽视的。国家文化的传播有利于营造良好的国际舆论环境，提升国家的文化软实力，赢得良好的国际声誉。文化价值观是国家文化的核心本质，是国家发展和民族存亡的内在动力。历史发展轨迹的不同造就了多种多样的国家文化，形成了各具特色的国家文化价值体系。微博作为新媒体语境下信息生产的特殊形式，其文本编码中会不可避免的受到国家价值观念的影响，生产出符合国家价值体系和意识形态主体特征的微博文本，从而对传播对象国产生不同程度的异质文化影响。长久以来，以美国为首的西方国家在全球文化产品交换体系中占据着主导地位。在异质文化产品的接受过程中，文化产品中蕴含的异质文化价值观在文本传播的过程中被植入他国受众的思维体系，直接影响他国受众的思维方式和行为模式。传播媒介作为异质文化价值观全球输出的物质载体，其媒介形态的发展与社会价值观传播方式的转向密不可分，碎片化的微博文本在信息的快速更迭中对信息消费者产生心理层面的现实影响。微博作为当下全球化语境中生产最为频繁的网络文本，联接了信息生产者和消费者之间的精神世界。本文将文本分析分为两个向度，一是分析境外媒体新浪微博账户微博文本生产中体现的文化指向，探究其中的文化价值观导向。二是从传者与受众文本互动的视角，看境外媒体新浪微博账户的微博生产对中国用户产生的文化影响。在对境外媒体新浪微博文本的文化价值观的考量过程中，以社会主义核心价值观为基础，以列表中的文化价值观要素为主要考察对象。

表 4.3　　境外媒体新浪微博文化价值观的要素考量及其操作定义

序号	文化价值观要素	本研究中的操作定义
1	中国经济	中国社会经济发展的整体趋势，包括财政收支、经济增长、制造业和经济转型等向度
2	中国股市	中国股票市场受到全球经济和中国国内经济发展的双重影响，是中国经济发展的重要参照指标
3	人民富有	人民生活水平提高，个人购买力增强，能够享有较好的物质生活和精神生活
4	两会	中华人民共和国全国人民代表大会和中国人民政治协商会议的统称，体现国家民主，代表人民利益
5	中国国家领导人	在我国政治中具有最终决定权和最高地位的称谓。中国国家形象的载体，国家的文化符号之一

（续表）

序号	文化价值观要素	本研究中的操作定义
6	关系	人际关系、国际关系、民族关系、经济关系和社会关系等
7	新常态	中国社会发展的新机遇，个性化的消费趋势，基础设施和新技术的涌现，经济风险总体可控
8	文明	精神文明与物质文明相辅相成，是人类社会行为和自然行为的产物，包括家庭观念、语言符号和宗教信仰等
9	平等	政治、社会、生态和经济地位处于同一水平
10	法治	国家发展的法治框架，依法治国是确保国家长治久安的基本方略
11	科技	发明创造、运用先进技术提升国家竞争力，推动各行业发展，提升人们的生活质量，丰富人们的精神世界
12	友好	人与人之间友善相处，互帮互助，待人接物讲求诚信
13	自由	社会个体在法律框架下自主追求自己设定的目标，是人的社会权利之一
14	时尚	一种文化潮流，在一个时段内高品位的生活方式
15	流行文化	包括消费文化、休闲文化、精英文化、大众文化等多种概念在内的复杂概念，是能够在全球范围内广泛传播的多元文化

表 4.3 中归纳出的文化价值观要素共 15 种，并未罗列我国社会主义核心价值观中涉及的所有文化价值观要素，也未穷尽境外媒体新浪微博的所有文化指向，但是列表中的文化价值观要素与未罗列出的文化要素相比更具有典型性特征，能够探究境外媒体的微博内容阐释中国传统文化价值观的他者视角，为本文探讨异质文化对我国国家文化产生的影响提供理论依据，便于本文研究问题的解决。

（一）境外媒体微博生产对我国经济文化的影响

中共十六大报告中曾经提到：“当今世界，文化与经济相互交融，在综合国力竞争中的地位和作用越来越突出。文化的力量深深熔铸在民族的生命力、创造力和凝聚力之中。”① 在全球化时代，国家文化和经济发展彼

① 江泽民：《全面建设小康社会开创中国特色社会主义事业新局面——在中国共产党第十六次全国代表大会上的报告》，人民出版社，2002，第 38 页。

此交融，相互影响。经济文化是在经济活动中体现出的文化因素，是考察境外媒体新浪微博账户使用对我国国家文化影响的向度之一。中国经济发展是八家境外媒体新浪微博账户发布内容最多的微博议题，人民币的市场流动性、中国股市的涨跌以及中国经济的低速运行等话题都是境外媒体微博关注的重点议题，也是新浪微博用户评论和转发的热点。这一部分将通过分析境外媒体发布的中国经济类微博文本，着重考察境外媒体经济类微博编码中隐藏的文化倾向性。在分析境外媒体新浪微博发布的中国经济类议题的微博文本时，基于样本框中的八家境外媒体新浪微博账户内容属性存在的差异性，本研究选取了新闻类境外媒体新浪微博账户中的 @ 华尔街日报中文网、@ 路透中文网 Reuters 和 @FT 中文网三家以经济类微博发布数量较大的账户为抽样对象。

财政收支是中国经济发展的参考指标之一。样本中的三家境外媒体新浪微博账户自开通以来时时关注我国国家财政收支的现实情况。在 2015 年 9 月前后，三家境外媒体新浪微博账户分别对我国 2015 年 8 月份的国家财政收支情况作了微博发布，分别写道：

1.@ 华尔街日报中文网：“【快讯】中国财政部：中国 8 月财政收入人民币 9671 亿元，同比增 6.2%；8 月财政支出人民币 1.28 万亿元，同比增 25.9%。”这条微博被转发 316 次，评论 134 次，是 @ 华尔街日报中文网被评论和转发次数较多的微博文本之一。在微博文本的编码中，“8 月财政支出同比增 25.9%”这一数据成为微博用户关注的焦点，也是用户评论中最容易引起争议的数据。这条微博以“快讯”的形式展开，并暗示数据来源出自中国的官方机构，即中国财政部。但是这条微博并未解释同比增长的财政支出的切实去向，引起网民的质疑和争议，并针对这一数据作出多种揣测性的误读。多数用户评论表达了如下观点：“骑驴觅驴 pku：同比增 25.9%。都花国民教育、医疗上了？”“岁荣 2：经济一直在下滑，财政竟然还同比增长，真是生财有道啊。”“总教练：‘月饼’好贵。”

2.@ 路透中文网 Reuters：“【中国 8 月财政支出增速创四个月新高，收入增速续降后期压力仍大】受重点支出预算执行进度加快提振，中国 8 月全国一般公共预算支出同比劲增 25.9%，创四个月新高；全国一般公共预算收入同比增速则续降至 6.2%，财政部预计今年后几个月财政收入增长压力仍然较大。网页链接。”这条微博用黑色方框号的形式在视觉上凸显出“中国 8 月财政支出增速创四个月新高，收入增速续降后期压力仍大”的主题思想。虽然这条微博仅被评论 4 次，4 条评论基本上认同中国经济未来经济增长面临较大压力的观点，与 @ 路透中文网 Reuters 的微博论点相符。微博文本末尾处网页链接中的深度报道的阅读数量高达 234 次。可见 @ 路透中文网 Reuters 希望通过微博来实现深度报道的传播。

3.@FT 中文网：“【9 月财新中国制造业 PMI 触及 6 年半低点】制造业放缓的主要原因与之前外需和价格相关因素的变动有关。8 月财政支出大幅增加，反映出财政支出力度进一步加大。要看到稳增长政策发挥作用，可能需要一定耐心。9 月财新中国制造业 PMI 触及 6 年半低点。”同样是对中国 8 月份财政支出增加的报道，@FT 中文网通过新闻打包的方式，将 8 月中国财政支出增加的信息与中国制造业 PMI 触及 6 年半低点结合在一起，一方面制造业产能降低，收益减少，另一方面国家财政支出大幅增长，进一步暗示中国经济正处于低速运行期。@FT 中文网的用户评论中不乏国内经济学的专业人士，用户多认为中国经济形势严峻，阅兵消耗了大量的财力。此外，还有大 V 用户表示中国 PMI 跌跌不休，深不见底。

这三家境外媒体新浪微博账户呈现出各自不同的文本特点，蕴含着不同的文化目的。@ 华尔街日报中文网试图做到不带有任何倾向性，只报道官方来源和相关数据，并用“快讯”的方式淡化传播观点的目的。正是由于文本缺乏对相关数据的解读，用户在评论时才会充分的发挥自己的想象空间，作出多种与中国经济发展有关的负面评论。@ 路透中文网 Reuters 在文本生产中使用了“同比劲增”，更为深入地强调中国 8 月份的财政支出比例之大。网页链接中的信息更为全面，涵盖了财政支出的去向以及近几个月来的财政收支增速图，也包括官方人员的权威态度，信息相对较为完整，但仍然缺乏对财政收支具体类目的概括与分析。在 @FT 中文网中，财政支出只是一个引子，重点在于强调中国制造业疲软、经济下行的现状。在网页链接中，@FT 中文网进一步强调“中国官方的PMI调查聚焦大中型国有企业”，暗示着如果在样本中涵盖民营企业，数据则会进一步下滑，中国PMI数据可能会比官方公布的还要低。

我国财政部官方网站发布的权威信息中，不仅提到境外媒体微博中涉及的数据，还着重公布了财政收支明细，包括各类目下的税收增降的详细情况。[①] 境外媒体微博截取其中的各个侧重点，并从各自的视角出发对中国财政支出的情况对微博文本进行二次加工。从评论中可以看出，大部分用户认为国家的消费过高，财政支出去向不明，股市低迷，国家经济处于下行状态，而财政支出却并未落实到教育和医疗等方面。这些评论在转发和点赞的过程中将类似的消极情绪传播给其他用户，体现出微博用户对国家经济政策的负面情绪，消解了网民对我国经济文化的认同和对国家经济发展的信心。“中国经济下行”是近年来境外媒体报道较多的新闻议题，在三家境外媒体新浪微博账户发布的微博中，@华尔街日报中文网、@路透中文网Reuters和@FT中文网各自发布了411条、136条和202条该议题的微博。不同账户对同一议题的议程设置特点不同，@华尔街日报中文网侧重于发布信息，@路透中文网Reuters的微博更具有新闻导语的特点，更多观点性内容在网页链接中。@FT中文网更善于运用微博评论的功能，引导舆论并与用户进行观点互动。

1.@华尔街日报中文网在“中国经济下行”的议题中以我国的货币政策为切入口，展开对中国经济下行内容的描述，如图4.19：

59条评论呈现出三种态势，一种是负面评论，如“@岂闻：牺牲国没经济维持人民币强势，纯粹有病加卖国”“@狗毛的小窝：我看明明是土鳖国的贪腐的权贵为了一己私利，想在土鳖国崩盘前以更好的汇率换美元出逃外国，将他们压榨人民的血汗钱和养命钱汇出国外，才迫使央行以牺牲外汇储备的方式掩护他们出逃吧”。负面评论体现出质疑我国货币政策的思想，赞同@华尔街日报中文网对中国货币政策的评价标准。在正面评论中，网友们分别表示力挺人民币，支持我国的货币政策，如“@肖筱——：不懂经

①《2015年8月财政收支情况》，2015年9月15日，http://gks.mof.gov.cn/zhengfuxinxi/tongjishuju/201509/t20150915_1458377.html。

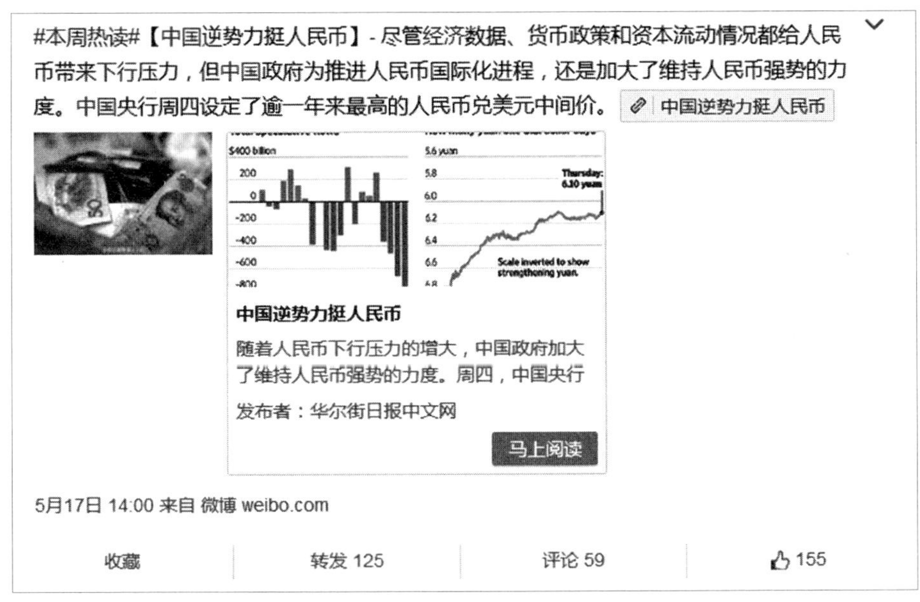

图 4.19　@ 华尔街日报中文网“中国经济下行”议题的微博截图

济，就是想挺人民币”“@niufairy：力挺人民币”“@ 唯爱忠爱：我也力挺人民币！”中性评论没有体现出明确的个人倾向，如“@ 珍堡玉器：任何一个国家都不能同时实现固定汇率、货币政策独立和资本项目开放，也就是所谓的三元悖论”。有些用户的个人观点性极强，认为 @ 华尔街日报中文网的微博发布程序设置的倾向性过于明显，存在故意扰乱网民思维方式的嫌疑，如“@qvkanctian：看了这个图片就知道他们‘良苦用心’的目的了！堂堂华尔街日报如此小家子气”。

2.@ 路透中文网 Retuers 在“中国经济下行”议题的微博中，则将中国经济与中国股市联系在一起。如图 4.20：

这条微博的 18 条评论几乎都是负面的，如“@ 来自田间第一人回复 @ 生活乱扯蛋：今年上涨工资的只是国家公务员，他们应该是不缺房子住的，所以，今年的物价上涨是不会对房价有太大影响的。乐翻天姐姐：路透，难道你们也相信中国官员的屁话？”“@ 手机用户 2729112420：一个 13 亿人口的大国，出现‘生产过剩’是管理者的过错吧！！！”等。@ 路透中文网 Retuers 在长微博链接中谈到产能过剩与全球经济复苏缓慢等原因相关，但

【下半年中国经济下行压力仍不小 房地产或出现回升势头--央行官员】中国央行调查统计司司长盛松成表示，上半年中国经济运行缓中趋稳，稳中向好，但未来下行压力仍然不小；预计2015年全年经济增长为7%左右，物价上涨1.5%左右，M2余额增长12%左右。

下半年中国经济下...

下半年中国经济下行压力仍不小 房地产或...

路透北京8月3日 - 中国央行调查统计司司长盛松成表示，上半年中国经济运行缓中趋稳，稳

发布者：路透中文网Reuters

马上阅读

8月3日 09:20 来自 微博 weibo.com

收藏 | 转发 25 | 评论 18 | 10

图 4.20　@ 路透中文网 Retuers“中国经济下行”议题的微博截图

用户评论更关心的是中国经济下行中的物价、房价和工资待遇等现实问题，网络负面情绪严重。

3.@FT 中文网在微博叙事特点上与以上两个样本不同，善于作转发式评论，而评论人多是境外专家或中国精英。如图 4.21：

@FT 中文网这条微博的观点在附带的网页链接中作了更为深入的阐释。有的用户直接表示赞同 FT 文章的观点，如“@Ethan–Iran：最近看的比较有营养的 FT 文章，首先说对了股市和经济的关系，为启动融资渠道，人为造了一只改革牛，却没修好篱笆。二、经济改革的实质是新老交替，但不是那么顺畅，但要坚决不能在走回老路上。bingo！三、货币政策工具创新还是围绕第二点说的，还喂饱的喂饱，还断奶的断奶，不能把孩饿死，至少不死太多”。这类评论支持境外观点的态度明显。有的用户在评论中表示认同西方的经济模式，认为中国经济问题的根源仍然是反腐不够彻底。“@Tony_Lan45 回复 @ 青竹山俗：西方怎么搞地产、股市泡沫？也没听说啊。”“@ 非人锅痂：继续加大对百姓敲骨吸髓……”“@ 靠谱的穷人 365：国企是轴心，几乎是国内所有经

沃尔夫：我认为有一种情况的可能性十分高：接下来的几年间，中国经济的增长将会非常缓慢，甚至出现经济收缩。人们可能因为宏观经济低迷而推迟投资。但因为投资对中国需求的贡献以及在中国经济中所占比重太大，一旦投资出现较大放缓，就会导致需求迅速下滑，进而引发经济衰退。

@FT中文网

【中国经济出了什么问题？】专访FT首席经济评论员马丁·沃尔夫：事实证明，经济放缓已对中国政府构成极大挑战。但并不能因此认为中国政府的经济治理能力弱于西方。在市场化改革和政府管控之间，中国需要准备“B计划”。 网页链接

8月31日 06:48 来自 FT中文网　　转发 250 | 评论 38 | 50

图 4.21　@FT 中文网“中国经济下行”议题的微博截图

济的支撑，然而，在狗熊野猪持续做乱后，不是欺骗百姓，就是严重亏损，再不就是管理混乱，派系林立，各自为政，无官不贪，股票赔钱，职工贫困，如果，再这样改革继续下去，主干一塌，剩下的日子，也就屈指可数了，这就是恶棍们的所作所为，奇怪的是，竟无人敢管。”也有一些中性化的评论，如“@ 桃园清谈 2：中国经济问题不在经济本身”。这些评论认为任何一个国家在社会转型和发展过程中都不可避免的会遇到经济增长速度减慢的现实问题，不应以经济下行作为国家经济衰退的参考。在一些用户作出的正面评论中，有的网友则表示尽管中国经济发展速度放缓，股市风险较大，但是中国金融市场的发展还是十分值得期待的。“@seriously. 中国股市和实体经济是脱节的，反正我对金融市场还是很有信心哒。”同 @ 华尔街日报中文网中出现的评论类似，“@LNisnull：主要是欧洲人美国人都比我们还关心中国经济”。这些用户认为境外媒体对中国经济的发展有一定的目的性和政治意图。

境外媒体微博账户的经济文本生产和负面性的用户评论二者的碰撞与融合体现出不同文化之间的互斥性，观点在碰撞和协商中更容易影响其他用户的判断方向，产生意料之外的文化影响。在经济类议题的微博文本中，境外媒体或有意识或无意识的制造着新浪微博用户讨论的话题。用模糊或强化一些数据或信息的手段，引导用户对微博文本之外的内容作出个人评论，且这些评论大多

具有明显的负面情绪，容易对其他不作评论的用户造成心理暗示，导致网络中负面情绪的蔓延。从境外媒体新浪微博的用户评论来看，这些账户的部分粉丝对我国的经济政策、经济体制和经济发展态势缺乏认同感，容易被境外媒体发布的微博内容所影响。在房地产泡沫、物价虚高和反腐等问题上的争议性较大，而这些议题也是境外媒体新浪微博账户报道频率较高的议题。有的网友甚至认为我国经济下行是“新常态”，与表4.3中对“新常态”的理解不同，甚至相悖。

经济全球化是全球化发展的本质特征，全球经济发展的整体情况复杂多变，经济放缓早已是各国经济发展需要面对的现实情况，国际市场需求的下滑对中国经济发展的影响不言而喻。因此，中国经济发展放缓既与国际金融市场密切相关，又与自身发展密不可分，不能简单的对中国经济下行的问题作归因处理。当下，我国正处于经济转型的关键期，境外媒体新浪微博账户通过主动设置议题，在文本叙事中突出境外观点吸引中国用户的关注，赢得用户对其观点和思想的认同，进一步产生对西方经济文化的认同。境外媒体微博发布时，“中国经济出现了问题吗？”这类语句较多，且位置醒目，设置出明显的议题框架。加上国内外经济专家针对性的解读，对官方数据样本采集的质疑和网民的负面评论共同营造出“中国经济问题”的幻象。用户在消费境外媒体微博信息时，在议题和框架的引导下，容易作出负面的评论，动摇对我国经济文化的认同感，削弱我国经济文化的影响力。

（二）境外媒体微博生产对我国政治文化的影响

G.A. 阿尔蒙德在1956年首次提出了“政治文化”这一概念，王沪宁认为中国的政治文化是一种“文化中轴的政治文化”[①]，政治文化弥散在更宏大的社会文化之中。历史性发展下形成的政治文化是民族国家的基础文化，也是考察境外媒体微博对我国文化影响的基本视角，“主要是指人们在长期的社会生活和实践中所形成的各种政治理论、思想、价值观念的总积淀”[②]。政治文化是国家文化的分支，体现着人们对国家政治制度的认同程度和评价体系，是直接作用于国家人民精神层面的政治影响。我国每年举行的两会是备受国内媒体关注

① 王沪宁：《转变中的中国政治文化结构》，《复旦大学学报》（社会科学版）1988年第3期。
② 徐大同：《政治文化民族性的几点思考》，《天津师范大学学报》1998年第4期。

的重大政治事件，也是新浪用户讨论的热门话题。两会关系到国计民生，是国内外用户了解中国政治文化的重要窗口。境外媒体新浪微博账户发布的两会类议题的微博是其在微博文本生产中对用户产生政治文化影响的着力点。在2015年3月境外媒体设置的两会议题的微博文本中，@华尔街日报中文网共检索出26条微博，@FT中文网64条微博，@路透中文网Reuters25条微博，其余研究样本中的境外媒体新浪微博账户未发布两会类内容。

@华尔街日报中文网在发布两会微博的同时，以普通用户的身份积极参与新浪微博“2015两会”热点话题的讨论。在两会公布的各项议题中，@华尔街日报中文网更关注中国货币政策和未来的经济走势问题，包括存款利率限制、保险存款制度、商业银行法的修订以及税收等问题。除此之外，还对参与两会的各类群像进行报道，如两会记者、服务人员、军队、人大代表等。@路透中文网Reuters既关注两会期间产生的社会经济效应，包括股市、楼市和市场购买力，也关注与经济政策相关的问题，如自贸区的审批、楼市限购政策和货币政策等。由于两会期间，我国与周边国家就边界问题产生了一些摩擦，@路透中文网Reuters在两会类议题的微博中也发布了对中国边界问题的看法，包括中印边界问题和岛礁问题等。@FT中文网是三个样本中发布两会类议题微博数量最多的境外媒体新浪微博账户。在对两会议题报道的第一条微博中写道：“FT中文网总编辑张力奋照惯例前往北京人民大会堂近距离报道中国两会，会后他与我们分享了一些有趣的观察。”这条微博以第三人称的视角描述了FT中文网总编辑亲自采访两会的事实，让用户认为接下来@FT中文网发布的微博都应该是来自前方记者的一手报道，微博具有直接性和时效性，对判断我国政治发展方向具有重要参考价值。@FT中文网在这条微博的基础上形成了“链条式报道”的模式，报道向度相对较广，包括专家对中国的“一带一路”政策解读的官方议题、高考和环保这类社会话题，也包括其他一些轻松的话题，如李克强的“有权不可任性”等，以幽默诙谐的语气打破了@FT中文网对政治议题报道的沉闷气氛。但“中国经济下滑”仍然是@FT中文网最为关注的议题。下图是三个样本中两会微博中被评论次数最多的微博文本：

1. @华尔街日报中文网

#2015两会# 【中国今年国防预算或上调约10%】- 中国全国人大发言人傅莹周三称，预算草案建议将今年国防预算上调约10%。傅莹未给出具体数据，不过表示相关细节将在预算中公布，而预算草案将在周四全国人大会议开幕式上公布。中国去年的国防预算增长逾12%。 网页链接

3月4日 12:21 来自 微博 weibo.com

收藏 | 转发 101 | 评论 60 | 119

图 4.22 @华尔街日报中文网两会议题中被评论次数最多的微博文本截图

2. @路透中文网 Reuters

【中国夏粮丰收已成定局 目前收获过八成总产将再创新高】- 中国农业部称，从农情调度和各地实打实收情况看，目前全国夏粮收获已过八成，丰收已成定局，夏粮收成有望再创新高。总理李克强在今年两会期间表示，今年粮食产量要稳定在1.1万亿斤以上，保障粮食安全和主要农产品供给。 网页链接

6月16日 10:00 来自 微博 weibo.com

收藏 | 转发 10 | 评论 15 | 19

图 4.23 @路透中文网 Reuters 两会议题中被评论次数最多的微博文本截图

3. @FT 中文网

【葛剑雄：高考改革是舍本逐末】中国政协常委葛剑雄：关注那些进不了大学的60%的人，解决他们的出路，才是中国教育问题的关键。此外，应放开民办教学，均衡公立教育资源。对已经公布的高考改革方案，我可以预言，有的是做不下去的，有的会是适得其反。#葛剑雄两会日记# 网页链接

3月6日 10:22 来自 微博 weibo.com

收藏 | 转发 43 | 评论 45 | 52

图 4.24 @FT 中文网两会议题中被评论次数最多的微博文本截图

1.@华尔街日报中文网的微博文本截图是关于中国国防预算的内容，微博中提到今年国防预算约上调10%，并强调官方发言人并未公布具体数据，而末尾处特意提到去年中国的国防预算增长逾12%，营造出中国国防预算连年以大幅比例增长的语境。在网页链接中，华尔街日报中文网认为中国军费支出的增长可能对国际和平存在威胁，威胁到亚太地区的军事稳定。微博用户评论中的两种立场十分鲜明，一种取向认为军费增长与中国的社会和经济发展现状不符。“@远山人家：GDP连7.5都不一定保住军费还要涨10，哪怕涨5剩下一半用在民生也行啊，军费就那么迫切吗？”有的网友将军费增长与反腐话题结合在一起，这类评论认为，当下中国发展的重点不应是军费开支的增长，而应更加关注民生、医疗和就业等现实问题，加大在这方面的经济投入。也有的用户担心如果军费增长以及军费支出缺乏透明机制，则会加深我国军队腐败的程度，期待我国军队去行政化政策的实施，如“@zhjxiang：呵呵又有好多要进官员将军的口袋了”。另一部分网友则认为中国作为世界大国，军事实力的提升是综合国力提升的反映，增加军费的支出是符合当下中国国情的决策，如“@苗委员回复@远山人家：7.5只是实际增长率，名义增长率接近9%。而且军费开支GDP占比本来就少，增长10%合情合理”。也有的用户将中国与世界军事强国的军费支出进行对比，认为中国军费增长合情合理，“@假装是学霸_：很合乎情理，10%也远低于美国吧”，还有一些简单的评论明确表明用户对当下我国政治决策的赞同，“@Li_Vuitton：支持”。这些评论话语虽然简单，但支持国家政治决策的态度明显。评论中体现出的思想观念可以看出，一部分网友对国家政策持支持态度，认同国家的主流政治文化，认为随着中国综合国力的提升，军费开支的增长是一种必然趋势，而另一部分评论则更关心微博文本之外的其他社会问题，对主流政治文化的认同感较低，评论中的负面色彩较重。

2.@路透中文网Reuters的两会微博数量与@华尔街日报中文网基本持平，但评论数量却远远低于@华尔街日报中文网。被评论次数最多的是以“三农”内容为主题的微博文本。图4.23中的这条微博的消息来源是中国农业部，粮食安全是多年来境外媒体看中国的重要视角。在微博和网页链接中，中国粮食生产数量保持增长，政府也从政策层面对粮食生产提出了更高的要求，而粮食安全是否能与粮食增长相匹配仍是一个现实的问题。用户在微博评论中对中国粮食和农副产品产量的稳健增长提出了质疑。“@ 平淡文字：好奇怪的要求和保证……”“@ 民猪小米粥：年年有余？是新闻联播吗？”“@ALL_BLUE：年年丰收年年涨价忽悠接着忽悠”“@pkeiek45：采购价格过高，产量越大亏损越大。”事实上，实现粮食生产的自给自足关系到我国社会的和谐发展，而国家对粮食产量的宏观要求也是国计民生稳健发展的物质保障。但是大多数用户却觉得从宏观层面上对粮食产量的增长提出“很奇怪”的要求。

高考改革是两会代表热议的话题，也是 @FT 中文网报道次数较多的内容之一。专家两会专栏是 @FT 中文网与其他样本不同的地方。在图 4.24 中，葛剑雄是我国教育界的专家，也是 2015 年两会中在 FT 中文网发言最多的政治符号和社会符号的集合体。作为参与两会讨论的中国教育专家，其观点具有舆论指向性。在这条微博中，发声者是“中国政协常委”，受关注的人群是无法进入大学深造的群体，试图解决的问题是“中国教育问题”，这些特殊的话语符号放在一起让这条微博充满了看点。在网页链接中，专家在中国教育改革可行性问题思考的背景下，更关注的是没有受过大学教育的群体如何实现社会价值的问题，认为公立教育资源的运用及平衡问题是基于当下的社会背景而提出的。针对微博内容作出的评论中出现了对观点问题的误读。有网友将“教育改革”问题直接放大到“改革”的宏观层面，认为我国改革的思路存在值得商榷的地方，如“@ 琴音洗心：用僵化的脑袋去搞改革，只会越改越糟糕，这么多年的实践已经充分证明了这一点”。有的网友则认为文章的重点是探讨公立学校是否应该有名校的问题，并认为国外公立大学中也有很多名校。还有一些网友关注到微博中探讨的核心问题，“@ 漏网之鱼 35: 他说的也对，60% 上不了大学的没有出路，而上了大学的也就另当别论”“@eVerQuesT：是不是人才要让企业说了算，让社会说了算！现在的教育除了坑钱就是糟蹋孩子！”“@ 壹学者：中国社会也真是奇葩。一方面是大面积大学生毕业即失业；另一方面是建筑工工资有好几千，电焊工技术移民供不应求。若学真正的知识，读书可比进袁领导的意识形态课堂强多了，至少不用担心学位资格会因抄袭而被取消。”更多的网友觉得当下中国教育资源的分配存在太多不公平的地方。“@江南沸雪：不就是取消了暗箱操作的自主招生吗？早就说过这种不公开的方式绝对不适合中国人！推优自招只能是给关系户们畅通无阻，连我小学三年级的孩子都知道大队长的妈是学校二把手！”“@王可可的大眼睛：个人看法～本来大学就不是人人都能上的，人家考不上的可能早早就找了一份简单的工作到别人大学毕业的时候人家可能就混出来了。还有上大学的地方保护主义太明显这种不公平让考生多的省份很吃亏。我真心觉得这些孩子有些可怜。”“@剑河风急：同意，自主招生是扯淡。”这些评论认为我国在高考中的考录机制应进一步优化，实现教育资源的平等分配。

从上述分析中可以看出，不同境外媒体的新浪微博账户看两会的视角不同，经济政策、教育改革、环境治理和社会发展四大议题是境外媒体微博账户追逐的焦点问题。从两会的微博文本中可以看出，境外媒体选择的话题是西方社会看中国的常用视角，如军费增长、“三农”问题和高考改革等。在微博生产的过程中，这些账户善于运用数据来形成政治拟态环境，表达了对中国社会发展改变的担忧，认为中国的发展仍是世界和平进程中的不稳定因素。境外媒体两会微博评论中的负面内容居多，大量评论联系到我国社会发展中的其他问题，评论中的部分内容对境外媒体微博及其网页链接中表达的意图相近，用户评论缺乏理性的思考，对中国政治生活的认知和认同存在一定的偏差，体现出对国家政策的质疑，对改革发展中的现实问题缺乏包容的心理。

（三）境外媒体微博生产对我国流行文化的影响

新闻类境外媒体新浪微博账户发布的微博文本多基于中国经济文化和政治文化视角，生产中国经济发展和政治生活中的多种信息。这类微博主动设置微博议程，构建微博中的新闻框架，通过微博文本在我国社会化媒体中的扩散式传播引导公众舆论，改变社会化媒体用户对我国经济文化和政治文化的思想观念，从而对国家文化产生潜在影响。在社会生活中，除了经济文化和政治文化外，与社会个体精神生活密切相关的即是流行文化。流行文化观是“许多人实践和追随的一种普遍的生活方式”[①]，也是社会个体日常生活层面精神特质的基本反映，直接影响到用户的文化消费行为。新浪微博既是后现代流行文化的一种方式，也是生产和传播流行文化元素的文化场域。用户年轻化的特征使新浪微博中生产的流行文化信息更具消费市场。从用户检索新浪微博信息的实际情况来看，体现异质文化生活方式的各类文本都是新浪微博中能够引起我国用户关注的热点。异质文化中的流行文化元素在我国新浪微博中的传播直接影响到我国用户的生活方式，间接对我国传统生活方式、风俗习惯和本土流行文化造成冲击。新闻类境外媒体新浪微博账户的微博文本侧重于对我国经济文化和政治文化的影响，而娱乐类境外媒体新浪微博账户生产的微博文本更善于对我国流行文化构成影响。因此，在分析境外媒体新浪微博账户使用对我国流行文化的影响时，本研究以 @ 韩国中央日报、@myloveKBS 和 @ 读卖新闻中国三家以传播本国流行文化为特征的微博账户为考察对象。

韩国两家境外媒体新浪微博账户 @ 韩国中央日报和 @myloveKBS 的微博内容集中于与韩流文化相关的各类信息，尤其是韩国的影像文化产品的传播和韩流明星的最新动态，偶有涉及韩国的旅游信息和本国的民风民俗。韩国媒体新浪微博账户在微博日活跃度、微博年生产量、微博粉丝人数和开设时间四个系数上都未处于前列，但是微博评论数量却是八个境外媒体新浪微博账户生产的微博文本中最高的，是拥有忠实粉丝人数最多的两个账户。当“韩流明星”和“影视剧”两类关键词同时出现时，微博评论、转发和点赞数量惊人。因此，在分析境外媒体新浪微博账户使用对我国流行文化的影响时，韩国媒体的新浪微博账户最具代表性和典型性。

① 夏建中：《当代流行文化研究：概念、历史与理论》，《中国社会科学》2000 年第 5 期。

【演员金秀贤电影般唯美的广告视频】#金秀贤#在广告中演绎了对分手女友的思念等待、离别、回忆和全新开始等四种感情。广告以新西兰美丽的雪原为背景，配以金秀贤的精湛演技和迷人声音，看上去酷似一部唯美电影。 网页链接

2014-10-17 15:25 来自 微博 weibo.com

收藏 | 转发 303 | 评论 166 | 379

图 4.25 @ 韩国中央日报的微博文本截图

这条微博以韩国当红人气偶像金秀贤拍摄的广告为内容，对广告中演员的情感表达进行了细致的描述，强调了演员精湛的演技和迷人的眼神两大特质，并点评这部广告“酷似一部唯美电影”。微博网页链接进一步描述了广告中的唯美画面，并对演员代言的品牌进行了简略说明。韩国明星是韩流文化的代表，明星图片是引起中国粉丝关注的亮点。韩国媒体在用户心理的基础上，重视视觉传播的思路，精心挑选能够满足中国用户了解韩国流行文化的图片作为微博配图。在图 4.25 中，即视感较强的两张明星图片吸引了大批金秀贤的中国粉丝的关注和转发。对用户的随机抽样发现，点赞用户和评论用户大多是金秀贤的粉丝，他们大多将偶像照片设置为个人的微博头像。用户个人微博的内容中体现着对韩国饮食、文化、服饰和明星的崇尚，并向往去韩国旅游以便有机会与偶像见面。韩国明星借助韩国综艺节目和影视剧的影响力在中国境内形成了广泛的商业效应。反映韩国明星近况的微博文本在点赞、转发和评论数量上远超于其他韩国题材的微博文本。图 4.25 中显示这条微博收到了 166 条评论。评论几乎都以正面为主，且情感充沛，如“很美、很赞”“演员演技很棒”等。也有的用户直接 @ 韩国中央日报表示对微博内容的喜爱，如“@ 金嘟嘟保护协会：央报好眼光”。还有不少中国用户用韩语写道“@ 灰太狼家的美羊羊：멋있다 ~ 예쁘다 ~！ 수현 ~ 최고 요！”（帅 ~ 美 ~！ 秀贤最棒）或是用中文表示韩语的评论，如“@ 单只蝴蝶紫罗兰：欧巴好棒”。另外，还有一些用户认为韩国广告的艺术感很强，拍摄

效果极佳，具有大片的视觉感，如“@LLL 蒹葭苍苍：说实话韩国拍广告还真不错……”“青梅煮酒 257：金秀贤广告也能这么美〔心〕”。与其他境外媒体的新浪微博账户相比，娱乐性极强的韩国明星动态更能吸引我国微博用户的关注，提升他们参与评论、点赞和转发的热情。评论语言多元化的特征明显，开始出现中文和韩文混合的评论模式。近年来，韩国明星作为韩国文化符号的载体，屡屡成为中国社会化媒体中的话题人物。随着韩国综艺节目和影视剧在中国文化市场的升温，“欧巴”等外来词在中文评论中被普遍运用，并为哈韩族所追捧，也逐渐成为社会化媒体中的热词，并将语言影响空间从线上扩展到线下，嵌入我国汉语的语言体系。

与 @ 韩国中央日报的微博叙事风格不同，@myloveKBS 从微博版面设计到内容传播都透着强烈的韩流传播意识，尤其重视对热播韩剧及其相关综艺节目的推介。以 2015 年韩国本土上映的金土剧《制作人》为例，@myloveKBS 发布了 99 条关于《制作人》的微博，其中评论超过 100 条的微博就达到 52 条，最高评论为 7921 条，是本研究八个样本中被评论最多的境外媒体。

图 4.26 @myloveKBS 的微博文本截图

这条微博首先用“周末愉快”的问候方式拉近与用户之间的情感距离，设置了包括 # 制作人 #、# 金秀贤 #、# 车太贤 #、# 孔孝真 # 和 #IU# 在内的五个微博话题，同时引起多个演员粉丝群体的关注，并发布了新剧的预告视频，最后的“死守直播”激发了中国用户追剧行为的发生。这条微博并未插入网页链接，但以剧照作为微博配图并插入了预告视频的链接，便于粉丝了解更多新剧中的细节。多数评论表达了对演员演技的期待，热门评论“@ 今天的我也不负众望的貌美如花着：此刻我只想安静的做个脑残粉”被用户点赞 278 次。另外一些评论表达了对新韩剧的期待，“@Kaya-Cao：终于又有新剧追啦～”“@ 你家有草原：哦！好久没追韩剧！这部一定追！”。因我国视频网站平台不再提供最新韩剧观看的服务，一些用户对此表示极为不满，“@ 大妍神皂总代：优酷、土豆、爱奇艺，都禁播韩剧了，都不知道上哪看广电天天让我们看撕鬼子，去死吧”。有的评论可以看出用户认为新韩剧的热播又会在中国和亚洲产生强烈影响，“@ 昭披耶泰：五月十五日同步大韩民国，全亚洲再次动起来”。

14157 次转发说明韩剧经过多年的经营，已成为一些中国观众心中不可动摇的文化品牌。这些评论可以看出，尽管我国已经重视韩剧在视频网站上的传播对我国文化产生的影响，并采取了相关措施控制海外剧在优酷、土豆和爱奇艺等视频网站上的传播，但不少观众仍可通过其他网络渠道追剧，体现出韩剧以及韩国明星对我国用户产生的文化吸引力。有的观众在评论中认为，剧中演员的新发型和服装搭配将会是我国下半年的流行趋势。@myloveKBS 在短短的 140 字内，运用文字、图片和视频的三重效应刺激用户的猎奇心理，为尚未播出的韩剧奠定了良好基础。在与电视剧《制作人》相关的其他微博中，@myloveKBS 还通过组织网络活动向微博粉丝赠送海报、明星签名或纪念品，强化了用户的文化参与行为，提升韩剧在中国市场传播的用户粘性。可以说，@myloveKBS 在发布新浪微博的同时十分重视微博内容的市场营销，尽可能的扩大新浪微博账户在中国本土社会的经济价值和社会价值。

八个样本中最具个性化的境外媒体微博账户是 @ 读卖新闻中国。@ 读卖新闻中国的微博叙事方式与其他样本不同，多以第一人称的视角，用记录生活的方式发布《读卖新闻》驻中国记者在中国的生活和学习体验，去掉了账户发布微博的官方色彩，更具人性化的叙事特点。

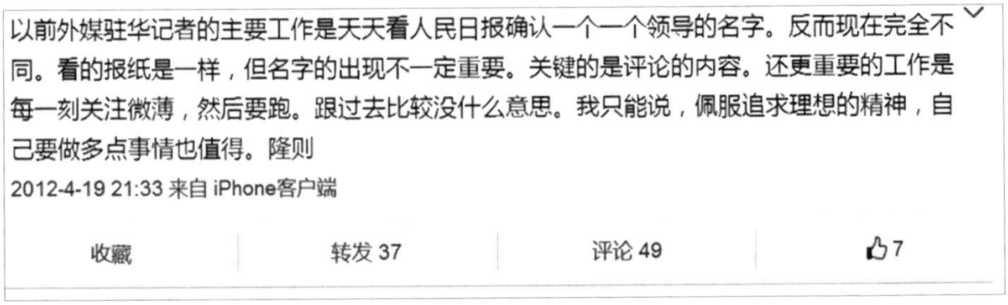

以前外媒驻华记者的主要工作是天天看人民日报确认一个一个领导的名字。反而现在完全不同。看的报纸是一样，但名字的出现不一定重要。关键的是评论的内容。还更重要的工作是每一刻关注微薄，然后要跑。跟过去比较没什么意思。我只能说，佩服追求理想的精神，自己要做多点事情也值得。隆则

2012-4-19 21:33 来自 iPhone客户端

收藏 | 转发 37 | 评论 49 | 7

图 4.27 @ 读卖新闻中国微博文本的截图

这条微博是 @ 读卖新闻中国全部样本中评论和转发数量最高的文本。隆则是微博作者的笔名，主要强调了微博在驻华记者工作中的重要性。隆则认为，过去驻华记者的信源主要是《人民日报》，且需要仔细核对领导的名字。新浪微博的评论功能让微博信息发布与过去传统媒体时代大为不同，使用评论功能能够直接与信源进行沟通。加之，微博内容更新速度快，即使不在新闻现场也可以通过微博来实时跟进新闻的进展。结尾处，作者强调为了追求理想，多做点事情也是值得的，试图体现其民族精神和职业准则。事实上，受历史问题和中日关系的影响，@ 读卖新闻中国微博的评论中透露着强烈的民族主义情绪，“@leon 飞飞的大梦梦：禽兽的国家和民族，你的暴行终究会被全世界人所唾弃，期待这一天的到来！！ @ 读卖新闻中国”。安倍内阁通过决定行使集体自卫权决议案引起了中国网民的强烈不满，网民的民族主义情绪不断发酵，“小日本”“禽兽国家”和“日本人”等字眼在用户评论中屡屡出现。“见字如面 M：读卖君，不更新，开什么微博呢”，一些用户对于 @ 读卖新闻中国微博更新的速度和质量表示不满，认为 @ 朝日新闻因观点过于偏激被退出中国社会化媒体市场的事件是导致 @ 读卖新闻中国不提供新闻性微博内容的主要原因。还有的用户认为 @ 读卖新闻中国的中文能力需要提高，“AKI_-_-_-_-_-_-_-_-_-_-_：读卖君啊……能不能把标点、错别字和断句都好好整整啊……読みづらいよ…”“沿河唱歌：中文

要加强”。微博中的语言问题进一步佐证了微博作者隆则日本驻华记者的社会身份。还有一些微博评论对日本记者提出的工作态度和价值观念表示质疑，带有较为严重的民族主义倾向，认为日本在没有勇气直面历史真相的前提下，谈论职业道德是不切实际的。@ 读卖新闻中国的微博大多数是不具备新闻特性的生活札记，记录了日本驻华记者或是在《读卖新闻》工作的中国记者在生活和学习上的人生感悟，试图通过分享个人经历来拉近与中国受众之间的心理距离。但从微博评论中可以看出，这种对华传播策略是失效的。

（四）境外媒体在传播本国文化时对我国国家文化的影响

在研究样本中，另外两家新闻类境外媒体新浪微博账户（@ 日本共同社和 @ 美联社）以传播本国文化为主。与中国政治、经济、文化和社会等有关的内容并未成为这两个微博账户发布的主要议题。@ 美联社发布的欧美文化信息占到了其微博账户年生产总量的 41%，@ 日本共同社发布的日本国内信息占到了 85%。与美国和英国媒体的新浪微博账户相比，@ 日本共同社的微博评论和转发数量相对较多，在一些涉及中国国家利益的事件上，评论数量激增。近年来，中国游客赴日旅游成为一种普遍的社会现象。在这种背景下，赴日旅游也成为 @ 日本共同社微博发布中较为重视的内容，包括中国游客赴日旅游的数量、购买力、航线以及各种手续办理的程序，也包括对日本著名景点的推介，如箱根登山列车“夜色绣球花号”将于 20 日起运行等。除报道日本社会的实事讯息外，发达的科技、深厚的文化底蕴、日本的人气动漫偶像以及日本美食也都是 @ 日本共同社发布的重点。

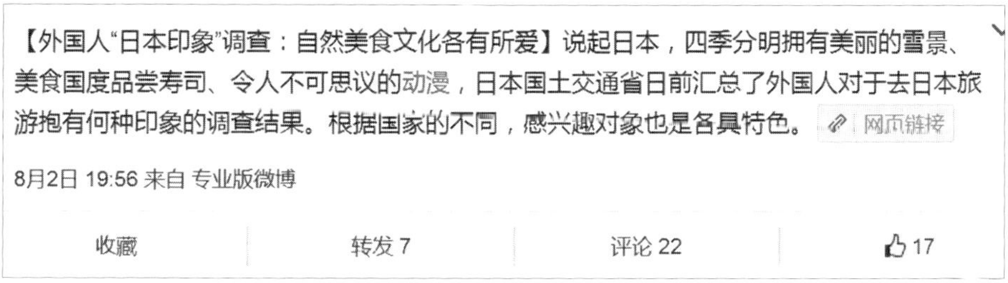

【外国人“日本印象”调查：自然美食文化各有所爱】说起日本，四季分明拥有美丽的雪景、美食国度品尝寿司、令人不可思议的动漫，日本国土交通省日前汇总了外国人对于去日本旅游抱有何种印象的调查结果。根据国家的不同，感兴趣对象也是各具特色。网页链接

8月2日 19:56 来自 专业版微博

收藏 转发 7 评论 22 17

图 4.28　@ 日本共同社新浪微博文本截图

这条微博的评论数量并不是 @ 日本共同社全年微博中最多的，但这条微博在文本和网页链接中都直接点明了最能体现日本风采的事物，即中国青

少年用户熟悉的日本动漫、日本传统饮食文化和气候季节。出于对日本文化的追逐，印有日本动漫形象的各种商品出现在中国的大街小巷，吃日本寿司也是我国进入新世纪以来的一种流行饮食文化。这条微博在强调日本文化优势，重视本国文化传播的同时，也十分在意赴日旅游游客对日本形象的看法。在网页链接中，外国人对日本做出了积极正面的评价，如认真工作、重视环保、风景优美和注重诚信等。这条微博在自塑日本国家形象的同时，通过外国人看日本的视角塑造出旅游胜地的形象，提升日本对中国用户的文化吸引力。评论中可以看出具有日本特质的事物对用户的吸引程度，如“@mlhunlove：我喜欢日漫”“@water95looD：日本仙台的羽生结弦！！！啊啊啊啊啊简直大爱！！！”有的网友对日本人民的生活态度表示赞赏，如“@晓樓殘窗：我很喜歡日本的那種認真與素質”。但大多数评论体现日本的负面形象，如“@青青虫的微博：美国食品药品管理局刚刚（08/05/2015）发布的第99–33进口警示，禁止下列日本食品进入美国：鲜奶、黄油、奶粉、婴儿奶粉、其他乳制品；蔬菜及其制品；大米、全麦；鱼类；肉类和禽类；蛤蜊类；海胆；柑橘柚类水果；奇异果，原因是核污染。看到的不要吃了！”“@谦谦卑以自牧：伪善下的邪恶同样令人趋之若鹜！”这些用户认为日本的实际情况并不如微博中所描述的那么理想化，质疑日本的食品安全和道德标准，微博评论的批判性更强。

@美联社是八个样本中唯一以英语作为微博语言的境外媒体微博账户，其微博重视欧美文化在中国社会的传播。在@美联社开通初期，中文是微博的主要语言。在不到一年的时间内，微博文本开始呈现出双语化的特点。2012年12月17日之后，@美联社的微博语言开始全部改用英语。从微博语言思路的变化可以看出，@美联社试图影响的微博用户群体逐渐从整个新浪微博用户群体缩小到中国社会的精英人群以及在华生活的外国人，开始更有针对性的生产微博。用户必须具有一定的英语语言基础才能消费@美联社的新浪微博文本。可是，受到语言传播的制约，@美联社的评论数量和转发数量相对较少。不过，这也强化了英语的国际传播优势，用尽可能简单的英语词汇来传播欧美文化信息，吸引了既想了解境外文化，又想学习英语的用户群体。

在 @ 美联社发布的微博内容中，美国的好莱坞明星、流行歌手、高新技术以及欧洲电影节、时装秀以及奇闻轶事等都是微博生产的原材料，这些内容既是当今欧美国家文化的传播载体，又是最能吸引中国用户关注的绝佳题材。

Singer Rihanna watches the second half of Game 2 of an Eastern Conference semifinal NBA basketball game between the Miami Heat and the Brooklyn Nets, Thursday, May 8, 2014 in Miami. The Heat defeated the Nets 94-82. (AP Photo/Wilfredo Lee)

2014-5-9 13:34 来自 微博 weibo.com

收藏 | 转发 3 | 评论 3 | 6

图 4.29 @ 美联社新浪微博文本截图

这条微博中呈现出两条美国流行文化元素的信息，一是美国流行歌手蕾哈娜观看球赛，二是美国 NBA 比赛正在进行中，热队和网队现在的比分是 94 ：82。多张白金唱片使蕾哈娜成为美国流行乐坛炙手可热的歌手，仅在我国 QQ 音乐上的关注量就超过 90 万次，是最具代表性的美国文化符号之一。经过多年的发展，NBA 已成为美国文化中最著名的体育文化符号，NBA 球队的标志、篮球服以及篮球明星的配饰是中国篮球爱好者追捧的时尚事物。从早年的《篮球公园》到当下视频网站中 NBA 球赛的直播，NBA 已经成功嵌入我国的流行文化体系，受到各个年龄层篮球迷的喜爱，是具有典型性的美国文化符号代表。这条微博在较短的篇幅内涵盖了两个美国文化符号，一方面介绍了流行歌手蕾哈娜的业余生活，另一方面也向中国用户传播了某场 NBA 球赛的比分。评论者都是中国用户，评论包括了汉语评论和英语评论两种。两位用户对蕾哈娜观看 NBA 球赛感到惊讶，“@FnckHeb：Rihanna？ Which one is her fav？” “@ 哎呀七号：OMG”，另一位用户则表示对热队的支持，“@ 迈 Ami：我热威武”。为数不多的微博足以证实 @ 美联社的粉丝对不同美国文化元素的喜爱。

小 结

八家境外媒体新浪微博账户的微博发布侧重点各不相同，其中六家的微博发布日常化且专业化，更新速度快，微博账户的日活跃度高，尤其是美国和英国媒体的新浪微博账户。基于上文的论述分析，在小结中本文主要从以下三个方面来归纳总结新闻类境外媒体微博和娱乐类境外媒体微博不同的文化传播策略。结合微博内容发布和受众评论二者的互动，归纳总结出境外媒体微博在议程设置过程中产生的文化影响。

首先，新闻类境外媒体新浪微博账户对我国国家文化产生的是隐性影响，多通过主动设置新闻话题、参与微博讨论或与用户直接互动来实现。在新闻话题的设置中，多元化的权威信源、清晰的数据图表、境内外专家点评和微博账户的自助评论是境外媒体发布的新闻类微博的共有特征。在新闻类微博中，@华尔街日报中文网、@路透中文网 Reuters 和 @FT 中文网侧重于参与中国经济文化和政治文化的网络讨论，发布其他国际事件内容的频率不高，注重微博发布的时效性，在中国经济事件和政治事件发生的第一时间发布微博，积极设置虚拟空间的讨论议程，如中国的楼市、股市、货币政策以及国际贸易动态等，并结合官方数据进行解读，在微博中能够体现出较为权威的信息源。从这类微博的用户评论来看，三家境外媒体新浪微博账户发布的议题类似，但叙事策略和报道视角却完全不同，产生的文化影响较为隐秘。@华尔街日报中文网擅长运用数据、图表以及长链接的形式，弱化微博文本中的文化倾向性，强化微博的信息含量。@路透中文网 Reuters 在微博发布中更擅长通过网页链接来传达数据并做简要的评论，微博更多是充当新闻链接的导语，吸引用户能够在碎片化时间内快速检索相关信息，运用详细的深度报道来影响用户的观点和判断。@FT 中文网以观点评论为主，通过评论转发上一条微博发布的信息内容，让观点与信息二者更加分明。不仅如此，@FT 中文网还通过用户评论的功能与其他用户进行观点互动，引导舆论走向的意图更为明显。从这些微博的用户评论来看，三家新闻类境外媒体新浪微博账户对中国经济文化和政治文化产生着隐性影响。作出正面评论的用户的国家文化认同感较强，认为尽管当下中国经济发展处于下行态势，但中国政治经济环境整体向好，支持国家在经济和政治上的各种决策。负面评论的用户几乎都是境外媒体微博的粉丝，他们会同时关注几家类似的境外媒体微博，热衷于接触境外观点并受其影响。在评论微博内容的同时，往往会联系到中国社会经济转型和体制转轨过程中的其他社会问题，如医疗体制、教育体系以及官员腐败等问题，对国家文化认同的消解程度异常明显，但这类评论在新浪微博中仍有较大的市场，一些看微博但不作评论的用户会对这类负面评论点赞。

其次，部分境外媒体新浪微博账户更侧重于传播本国文化信息，擅长用第一人称的话语身份拉近与受众的心理距离。这类微博账户以日本和韩国的境外媒体为主，也包括少量的新闻类境外媒体新浪微博账户。@ 美联社、@ 日本共同社、@ 读卖新闻中国、@ 韩国中央日报和 @myloveKBS 这五家境外媒体新浪微博账户的微博内容以本国文化信息为主。其中，@ 美联社侧重于传播美国和欧洲的知名文化符号，希望在新浪微博中进一步提升欧美文化在中国的影响力，强化中国用户对欧美文化的认同。好莱坞、流行音乐、苹果手机和欧洲时装秀等欧美文化符号都是 @ 美联社微博内容的重点。在图片的视觉冲击下，用户更容易形成对微博内容的依赖，大部分评论中也能看出用户对欧美文化的喜爱，认为欧美文化是世界文化的主流。韩流明星动态和韩国电视剧、综艺节目的更新是韩国的两家境外媒体微博账户发布的重点，也是最能吸引中国用户关注的网络亮点。作为全球文化产业强国，韩流明星制造和韩剧生产出口是韩国文化影响的两大利器。中国作为韩国最大的邻国，也是韩流输出的对象国。如今，社会化媒体成为韩流传播的新渠道，为韩流文化在中国的传播提供了极大的便利，韩国文化对我国流行文化的影响更加明显。韩流明星的动态、服饰以及个人用品都能引起中国用户的关注，刺激中国用户的消费欲望。尽管韩国媒体新浪微博账户的粉丝在数量上不及欧美媒体新浪微博账户，但评论数量却远远超过这些账户。用户评论体现出中国用户对韩流明星和韩国文化品牌的喜爱，通过微博了解韩流信息已成为他们接触韩流文化的日常行为。对韩国文化的追捧还体现在对韩流明星发型、服饰和配饰等流行文化元素的认同上，用户在评论中会彼此追问哪里可以买到明星同款、签名海报或者其他相关纪念品。这些韩流文化的微博文本也刺激了中国用户对韩国商品的购买欲望。此外，韩国媒体新浪微博账户擅长利用新浪微博话题来推高账户的网络人气，吸引各个明星的粉丝群体对账户的关注。由此可见，韩国和欧美的文化符号和生活方式对我国的流行文化都产生着不同程度的影响。在本研究中，日本境外媒体的微博文本产生的文化影响却呈现出相反的态势。日本媒体的新浪微博账户注重日本文化信息的传播，善于宣传日本旅游资源、人文精神和发达的科技水平，试图利用社会化媒体塑造出“酷日本”的文化产业模式，增进中国用户对日本社会的了解，提升日本文化对中国用户的文化吸引力，从而带动日本文化产业的发展，创造经济价值。然而，在相对松散和自发的传播环境中，受历史原因和中日争端的现实影响，微博用户对日本媒体微博的评论中带有明显的网络民族主义情绪。尽管日本媒体微博在传播本国文化时多采用显性的文化传播手法，却难以在粉丝中制造文化共识。微博评论中的内容大多与微博主题无关，而以民族主义的反日言论为主。日本用户或崇尚日本文化的用户在评论互动中时常会与其他用户产生话题争论，使评论氛围较为紧张。

第三，部分境外媒体新浪微博账户的微博发布和微博评论的语言使用特征明显。一种是微博生产语言的非汉语化策略。在欧美文化圈中的四家境外媒体微博账户中，@美联社的微博语言策略经历了由汉语为主⟶汉英文混编⟶英文为主的演变路线。语言是国家文化的内核，语言影响是对国家文化最直接的影响表征。语言传播策略的转变凸显了@美联社受众策略的转变，逐渐从宽众传播思路向窄众影响思路转换，以在华的外国人、国内精通英语的精英阶层以及对欧美文化感兴趣且具备一定英语语言能力的用户个体为传播对象，试图做到信息的精准投放。另外三家欧美地区的境外媒体微博语言全部以汉语为主，在受众策略上希望尽可能多的引起中国用户的关注，对更多用户的观念产生影响。从粉丝人数来看，以汉语为主的境外媒体微博受到的关注程度更高，活跃粉丝的人数也更多。对境外媒体新浪微博账户的选择性关注行为本身即是对异质文化认同的表现，境外媒体新浪微博账户的粉丝在关注某一家境外媒体微博的同时，还会关注与这家境外媒体具有类似文化背景的境外媒体微博账户，同时关注多个境外信息源，丰富自身的信息获取渠道。另一种是境外媒体微博用户评论中语言多元化的现象。在本文观察的用户评论中，大多数用户使用汉语作评论，仍有少数用户使用英语、韩语和日语对微博作评论。这种语言现象在 @ 美联社、@ 韩国中央日报和 @myloveKBS 的微博中尤为明显。新浪微博用户本身就是各具差异性的文化个体，受文化背景、教育程度和文化价值观导向等多种因素的共同影响，一些具有多语言能力的用户使用与境外媒体文化背景一致的语言对微博内容作出个人评论。具备多语言使用能力的用户更愿意关注自己能够阅读并理解的境外媒体新浪微博账户，一方面能够巩固或提升自己的外语使用能力，另一方面也能在用外语作评论时赢得其他用户的关注，实现被他人关注的心理满足。

第五章

发现与启示：社会化媒体对国家文化安全的影响

本书第四章将八个境外媒体新浪微博账户划分为新闻类微博和娱乐类微博两大类，并分析了这些活跃在我国社会化媒体中的境外媒体新浪微博账户的文本生产对我国国家文化各向度的影响。首先，本书在研究样本的内容分析和文本分析中，归纳总结了境外媒体新浪微博账户的总体特征、微博总量、微博信源以及微博主题四个向度的特征，探究境外媒体在微博议题设置过程中的特点，勾勒出境外媒体新浪微博账户塑造出的文化图景。在此基础上，以我国的社会主义核心价值观为基础设定了16个操作定义，并结合相关的微博文本从微观层面分析了境外媒体新浪微博账户的文本生产主题、内容的侧重点、对信源的二次编码特征和文本叙事特点。结合新浪用户的评论文本，分析了境外媒体新浪微博账户生产的文化价值观对用户的影响范围和程度。本章将对上述研究和分析进行总结，评估境外媒体新浪微博账户对我国用户产生的文化影响。影响主要分为两个方面：1. 在文化冲突的背景下，境外媒体新浪微博账户对我国文化影响的方式。2. 境外媒体新浪微博账户对我国文化影响的深度和广度，并基于本文的研究发现深入探讨境外媒体新浪微博的使用对我国国家文化安全的影响。

第一节　对境外媒体新浪微博账户及其用户评论的评估

一、对境外媒体新浪微博账户微博生产的总体分析

本文的研究样本是 @ 华尔街日报中文网、@ 美联社、@ 路透社中文网 Reuters、@FT 中文网、@ 日本共同社、@ 读卖新闻中国、@ 韩国中央日报和 @myloveKBS 八大境外媒体新浪微博账户生产的微博文本。因此，本研究在以下对我国境外媒体新浪微博内容的总体分析中，试图反映出这八大境外媒体社会化媒体信息文本呈现出的文化特征。

（一）境外媒体新浪微博账户的年生产力

从微博数量的视角看，受微博用户人数整体收缩的影响，活跃在我国新浪微博中的境外媒体新浪微博账户的活跃度各不相同。鉴于每家境外媒体开设新浪微博的时间和使用年限的区别，在对境外媒体微博发布数量趋势的考察时，本研究以境外媒体账户开通时发布第一条微博的时间为起点，对除 @ 读卖新闻中国以外的七个样本的数量趋势进行分析。其中，@ 华尔街日报中文网是发布微博数量最多且最为频繁的境外媒体新浪微博账户，@ 读卖新闻中国是发布微博数量最少且持续时间最短的境外媒体新浪微博账户。

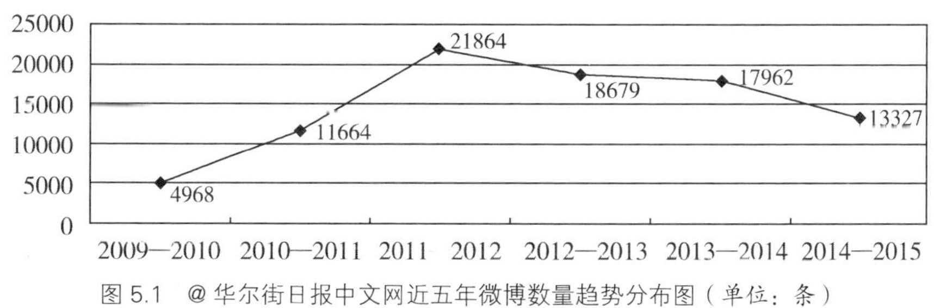

图 5.1　@ 华尔街日报中文网近五年微博数量趋势分布图（单位：条）

如上图所示，@ 华尔街日报中文网是连续五年保持高活跃度的境外媒体新浪微博账户。2011—2012 年，@ 华尔街日报中文网发布了 21864 条微博，

使《华尔街日报》成为近五年来在中国新浪微博平台上发布微博最多的境外媒体。@华尔街日报中文网开通后的前三年，微博年发布数量呈现出成倍攀升的状态。但在2013年之后，微博的年发布量有所萎缩，却仍然破万，微博年生产量相差不大。

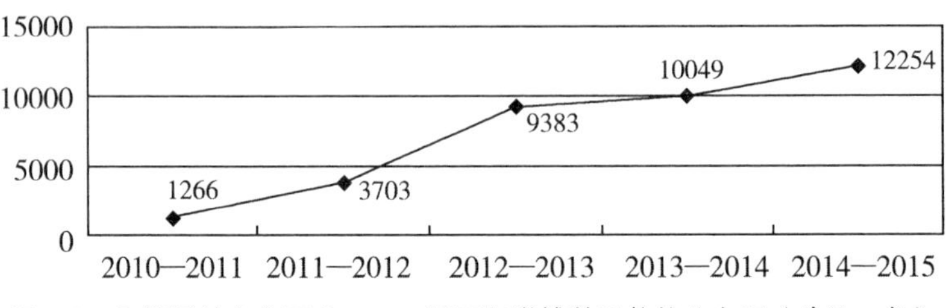

图 5.2　@路透社中文网 Retuers 近五年微博数量趋势分布图（单位：条）

依托于英国路透社的@路透社中文网 Retuers 的新浪微博账户持续时间为五年，微博发布总量低于@华尔街日报中文网。不过，自2010年开通新浪微博账户以来，@路透社中文网 Retuers 的年微博发布数量保持着逐年增长的态势。2013年起，它突破万条大关。从数量趋势可以看出，@路透社中文网 Retuers 并没有受到中国新浪微博用户数量下滑的影响，仍然十分重视新浪微博这一中国社会化媒体平台的信息传播功能。

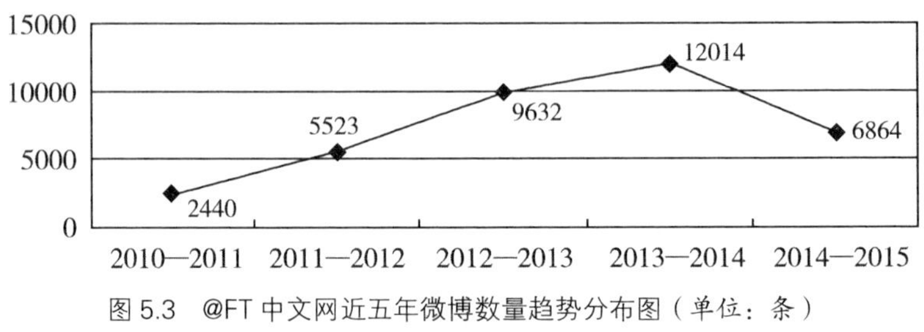

图 5.3　@FT 中文网近五年微博数量趋势分布图（单位：条）

@FT 中文网在活跃的五年时间内，前四年保持着微博年生产量稳步增长的趋势，2013—2014年达到五年来微博数量的峰值。但2014—2015年微博年生产量却降到2013—2014年的一半左右，活跃度大大降低。尽管@FT 中文网最近一年微博数量开始减少，但是粉丝人数却持续增加，仍是关注度较高的境外媒体新浪微博账户之一。

图 5.4 @美联社近五年微博数量趋势分布图（单位：条）

2014 年 11 月后，@美联社停止了新浪微博账户的使用。与本次研究中的其他欧美地区媒体的新浪微博账户相比，@美联社是开通时间最晚持续时间最短的境外媒体新浪微博账户。2011—2014 年三年间，微博年生产量呈现出成倍下滑的趋势，由最初的 4618 条降到最后的 597 条，情况尤为特殊。

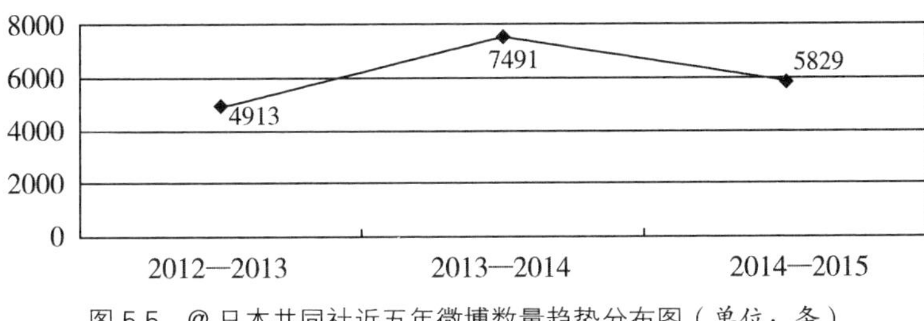

图 5.5 @日本共同社近五年微博数量趋势分布图（单位：条）

相比欧美地区的境外媒体，日韩地区境外媒体微博发布的数量和频率相对较低。@日本共同社在 2013—2014 年出现了微博数量增长的拐点，在数量上也经历了快速上升和缓慢下降的趋势。与其他年生产量成倍下降的发展态势相比，@日本共同社微博年生产量的发展趋势相对平稳。

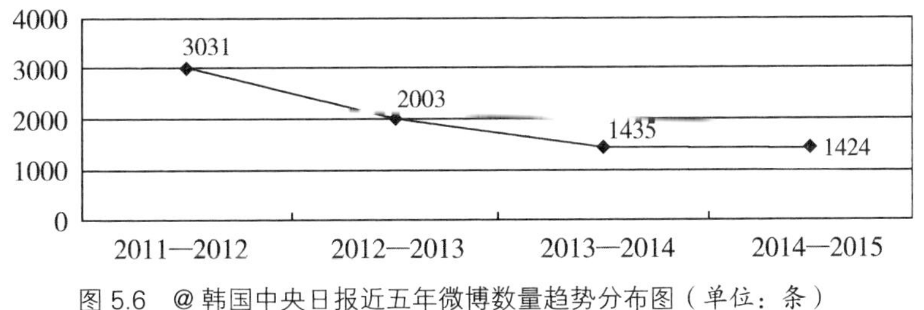

图 5.6 @韩国中央日报近五年微博数量趋势分布图（单位：条）

韩国媒体新浪微博账户近年来年生产量的发展趋势与其他国家和地区境外媒体新浪微博账户年生产量的发展趋势略有不同。@韩国中央日报在

2011 年开通新浪微博账户之后，微博年生产量却呈现出逐年递减的趋势，从最初的 3031 条 / 年下降到 2015 年的 1424 条 / 年。它是本次研究中唯一一个从开博至今生产量逐年下降的境外媒体新浪微博账户。

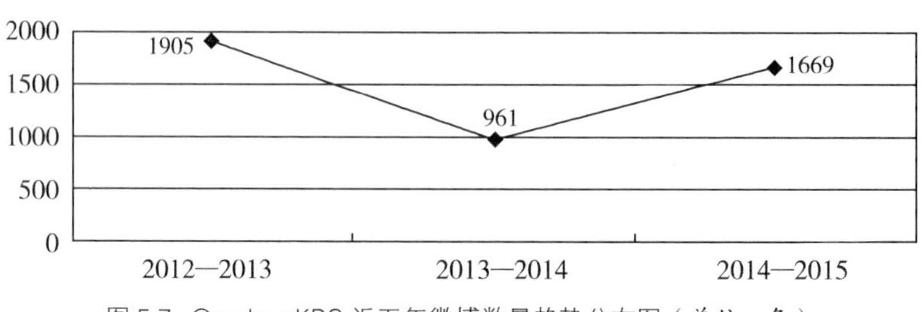

图 5.7 @myloveKBS 近五年微博数量趋势分布图（单位：条）

@myloveKBS 是另外一家韩国媒体的新浪微博账户。与其他境外媒体新浪微博账户的微博年生产量增长出现拐点的情况不同，@myloveKBS 在 2013—2014 年突然减少了微博发布的数量，而到了 2014—2015 年又开始较为频繁的发布微博，并未受到新浪微博用户数量下滑的宏观影响，但 KBS 新浪微博账户的思路发生了较大变化，自 2014 年后开始大量发布韩流文化的相关信息，并积极组织用户参与网络讨论和网络活动，重视新浪微博的社交功能和文化动员功能。

自 2013 年起，新浪微博用户总量呈现出逐年下降的趋势，但是至今新浪微博日活跃用户仍突破一亿大关。可以说，新浪微博仍然是中国当下最主流的社会化媒体平台，也是境外媒体关注度最高的信息传播渠道。在样本中，八大境外媒体新浪微博账户的年生产量均呈现出不同的发展态势。2013 年前后成为各境外媒体调整新浪微博传播思路的关键时期。从整体数量和发展趋势来看，新闻类境外媒体新浪微博账户年发布微博的数量较大，频率较高，重视思想性内容的生产，而娱乐类境外媒体新浪微博账户的微博年生产量较少，且主要以传播本国文化信息，提升中国用户对其国家文化产品的消费欲望，稳固韩流文化或日本文化在中国用户群体中的经典形象为主。除 @ 美联社和 @ 读卖新闻中国先后停止微博更新外，其他境外媒体仍不同程度的活跃在新浪微博中，参与话语建构和话题讨论。

（二）境外媒体新浪微博账户微博发布的重点区域

境外媒体新浪微博账户微博发布重点区域的不同能够看出其用户细分思路和文化传播策略。八大境外媒体的新浪微博账户发布的有关非洲国家和大洋洲国家的内容较少，欧洲地区、美国、日本、韩国和中国是八大境外媒体微博发布的主要区域。受本国文化背景和传播策略的影响，八大境外媒体新浪微博账户的微博发布对象的重点各不相同。设置中国议题，传播欧美文化是美国和英国媒体新浪微博账户微博生产的整体特点。欧美地区境外媒体新浪微博账户更多的发布与中国本土有关的各种信息，同时较为频繁的发布欧美地区经济发展、人文风貌和社会气象等内容。一方面积极为中国本土用户提供生活相关性较强的政治、经济、文化和社会等方面的信息，另一方面为中国用户提供具有欧美文化气息和人文色彩的文化内容，便于中国用户接触和消费欧美文化符号。对政治经济类微博而言，在欧美媒体的新浪微博账户中美国和欧洲在全球各种活动中仍起主导作用，尽管中国是世界上占有重要地位的东方大国，但由于中国经济正处于低速运行阶段，国内需要面临更多亟待解决的问题。日韩地区媒体的新浪微博账户的微博发布都立足于本国文化，很少涉及与中国有关的信息，既不关注中国发展的信息，也不太重视中国在国际社会中的日常活动。日韩媒体的新浪微博账户更善于依托新浪微博的信息传播功能，发挥本国的文化影响，对中国用户的流行文化生活产生影响。

（三）境外媒体新浪微博账户主题分布

由于各境外媒体新浪微博账户的受众策略、运营思路以及传播目的的不同，他们在微博中生产的内容主题也差别较大。新闻类境外媒体新浪微博中的 @ 华尔街日报中文网、@ 路透社中文网 Retuers 和 @FT 中文网的微博内容主题集中在中国经济、政治和外交事务三个方面，着重报道的是中国当下经济发展中面临的困境，以及在国际事务中发挥的各种作用。这三家境外媒体立足于中国本土社会，注重微博生产的时效性、接近性和趣味性，同时还十分注重自身微博账户的营销功能，积极向中国本土用户推广其媒体集团中的其他新闻产品，包括新闻视频网站、中文网、官方网站或其他社会化媒体平台，试图借力于新浪微博账户提升媒体集团的品牌效应。@日本共同社与上述三家新闻类境外媒体新浪微博账户的传播目的不同，主要以日本本国的经济、政治、外交事务和文化信息为主，目的在于向中国的新浪微博用户传播日本本国的文化信息，为中国用户了解日本提供多元化的视角，服务于日本的国家利益和国家形象。@美联社在发布的全英文微博内容中，体育与文化的主题内容占绝大多数，多反映欧美地区的时尚生活、流行元素、体育竞技和人文风貌等文化内容，传播欧美流行文化元素的思路更清晰，构建全球文化同质化的传播思维更成熟。

在娱乐类境外媒体新浪微博中，@读卖新闻中国的微博多以第一人称叙事，以表达个人思想、生活感悟和在华的工作体会为主。微博生产的时效性差，多不具备时效性、接近性和趣味性等新闻要素，《读卖新闻》是日本社会具有较高公信力的传统媒体，其在熟悉日本文化的中国用户群体中也享有一定的知名度，但是@读卖新闻中国的微博发布却没有依托于《读卖新闻》的信息资源，提升《读卖新闻》在中国的文化影响力。此外，由于@读卖新闻中国运营的时间较短，发布微博的数量较少，因此对中国用户产生的文化影响程度不深。@韩国中央日报和@myloveKBS以韩流文化为微博主题，明星、综艺、电视剧和电影是这两大境外媒体新浪微博发布的内容主题。这两家韩国媒体的新浪微博账户通过韩流文化信息的微博生产推动韩流文化在中国社会化媒体受众中的传播，是韩流文化在中国传播的新方式。韩国文化产业发展的主体产品是韩国明星、综艺节目和电视剧。新浪微博用户的年龄层偏向年轻化，且女性用户多于男性用户，用户群体的特殊性使综艺节目和电视剧信息更易被检索。韩流文化中的时尚元素是当下中青年用户乐于追捧的潮流文化，韩国媒体新浪微博账户向中国粉丝推送的微博内容符合当下中国新浪微博用户信息检索的习惯。在基于用户消费现实下生产的韩流信息更易对其中国粉丝产生文化影响，推动韩流文化在中国的广泛传播，从而影响我国国家文化的方方面面。

整体上看来，欧美地区的新闻类境外媒体新浪微博账户相对重视中国经济、政治和外交事务方面的内容，日韩地区的娱乐类境外媒体新浪微博账户更专注于本国文化信息的新浪微博传播。境外媒体新浪微博账户的微博生产内容与其国家的意识形态和文化特征密切相关，是传统媒体报道的虚拟化延伸，也是对普通用户日常议程的参与性建构行为。@华尔街日报中文网、@路透社 Retuers、@日本共同社和@FT中文网发布的微博更具有硬新闻的特性，而@美联社、@韩国中央日报、@读卖新闻中国和@myloveKBS更具有软新闻的特性，但这些样本都试图通过异质文化的微博传播对中国微博用户的文化心理产生影响。

（四）境外媒体新浪微博账户的文本生产形态

研究样本中的境外媒体新浪微博账户的微博生产形态都具有自己的文化特色，从微博生产的形态上看，境外媒体新浪微博账户在微博发布时注重使用图片、网页链接、视频链接和长微博等功能。通过视频、图片和图表的视觉传播形式强化文字信息的影响力，以便能够在碎片化信息传播中尽可能多的吸引受众的关注，微博主体博文、长链接和网页链接这类以文字信息为主的内容既重视对客观现象的描述，又重视从不同视角对该现象进行阐释，在较短的内容中实现了现象与观点的结合。@华尔街日报中文网、@路透社中文网 Retuers、@日本共同社这三家新闻类境外媒体微博账户突出以“快讯”“话题”“焦点”和“综述”等形态发布博文，丰富微博的文字形态。@FT中文网在综合上述微博文字和图片特征的基础上，以评论式转发的形式更鲜明的阐释个人观点，在网友评论中回复网民评论，与网民直接互动，是新闻类境外媒体新浪微博账户中最擅长使用微博评论的特殊样本。

娱乐类境外媒体的微博重视视觉传播的思路，常插入明星舞台形象的照片、明星活动的照片、影视剧剧照或卡通人物形象的图片。在微博文字文本的编码上，娱乐类境外媒体新浪微博账户重视人称和语气的使用，常使用第一人称来叙事，并加强语气词或表达语气的标点符号的使用，试图消除微博传播产生的时空和心理距离，注重文字和图片对中国用户产生的文化心理影响。韩国媒体的新浪微博账户经常利用微博平台发起官方活动或通过赠送礼品的方式激发用户对账户微博内容的消费热度，扩大韩国文化在我国社会化媒体中的文化影响力。

（五）境外媒体新浪微博账户的信源和消息源

境外媒体新浪微博账户的微博以原创内容为主，较少转发其他信源的微博内容。原创性的内容更能体现出账户的观点倾向和思想特征。@ 美联社从开通微博到停止更新的这一阶段内，从未转发过其他信源的微博，其所有微博的文字文本和图片文本都是美联社（AP）自行生产并供给。@ 华尔街日报中文网的转发微博仅占全部微博的 6%，@ 路透社中文网 Retuers 的转发微博仅占全部微博的 3%，@ 日本共同社的转发微博占全部微博的比例小到可以忽略不计。@ 读卖新闻中国的转发微博占全部微博的 6%，@ 韩国中央日报的转发微博占全部微博的比例几乎为零。@myloveKBS 的转发微博占全部微博的比例为 3%。@FT 中文网的转发微博占全部微博的 26%，是八个样本中转发比例最高的，但是 @FT 中文网转发的微博并非来自其他信源，而是转发账户本身生产的微博信息，在转发中附带评论式的微博内容强调观点与事件之间的分别，表达观点的态度更为鲜明，参与舆论建构和舆论引导的目的更为直接。

表 5.1　　境外媒体新浪微博账户的原创微博和转发微博情况（单位：条）

微博账户名称	@ 华尔街日报中文网	@ 美联社	@ 路透社中文网 Retuers	@FT 中文网	@ 日本共同社	@ 读卖新闻中国	@ 韩国中央日报	@myloveKBS
原创微博	12534	1158	13952	6672	5773	67	1807	1581
转发微博	793	0	381	2414	45	5	2	52

新闻类境外媒体新浪微博的文本能够体现出明确的消息源，包括中国的官方消息源和官方数据，或是境内外专家的姓名和身份。图片信息也多由境外媒体自行生产或购买，如 @ 美联社的微博图片全部来自美联社（AP）。娱乐类境外媒体的微博几乎都是原创微博，转发微博数量整体较少。原创微博的数量体现出境外媒体新浪微博账户信息的原创性能力，也是其国际传播力的综合体现。在全球化语境下，境外媒体积极抢占中国社会化媒体中的话语权，通过大量的原创微博传播境外观点和文化，强化媒体自身的国际舆论影响力，提升在中国舆论话语场中的动员能力。

二、对境外媒体新浪微博账户的用户评论分析

微博用户评论是微博服务的重要功能，也体现了微博作为社会化媒体的社交功能。用户使用新浪微博评论的行为是微博文本生产和传播而形成的舆论互动形式，也是用户表达个人态度、观点和意见的信息反馈形态。根据CNNIC第35次中国互联网发展统计报告中的数据，2013年我国的微博用户人数较2012年有所下滑，2014年我国微博用户人数仍高达2.49亿。在近两年内发生的全球性事件中，新浪微博仍是中国社会化媒体用户获取信息的主要来源。在“马航MH370失联”事件中，全球知名境外媒体的新浪微博账户被我国用户视作权威信源。微博用户在突发事件中对境外媒体信息的追逐进一步证实了境外媒体在我国社会化媒体中的公信力和影响力。用户对境外媒体微博作出的评论中也出现了各种“据@美联社、据@CNN或据@华盛顿邮报”等类似带有信源标示的信息，在突发事件中也能迅速成为其他用户关注的焦点信息。无法接触到一手信源的用户多希望从这些媒体的微博账户或其微博的用户评论中检索到最新消息，包括我国地方的传统媒体用户，结果导致不少未经核实的假消息在新浪微博中被大量转发，造成了真假难辨的局面。新浪微博每天都在生产着数以万计的用户评论，这些评论是互联网时代大众文化的特殊载体。随着现代信息用户的信息生产和舆论参与意识的增强，微博用户作为复杂的社会个体，由于微博用户社会阶层、教育背景和价值观等因素的差异，用户作出的微博评论更具有文化多元性的特点，是考察当下我国微博用户对我国国家文化认同程度或消解程度的有效文本。

（一）境外媒体新浪微博账户评论涉及国家文化的方方面面

在本研究中，八大境外媒体新浪微博的内容重点各不相同，整体上涵盖了政治、经济、文化、体育、外交事务和国际突发事件等方面，微博内容主题的广度决定了用户微博评论的范围。1. 在新闻类境外媒体新浪微博账户发布的微博中，我国的政治文化、经济文化和外交事务三类题材是我国用户最为关注的内容，也是被我国微博用户转发、评论和点赞的重点题材。从用户微博评论的文本来看，政治文化中的国家政治方针、重大政治事件、政府组

织以及反腐倡廉工作等国家层面的政治活动，经济文化中的国家货币政策、中国股市的未来走势、中国楼市的发展趋势、与世界他国的贸易往来、中国制造业发展现状和自贸区的设定等现行经济热点问题，国家外交事务中的我国国家领导人的出访、与他国领导人的友好互访、国际重大事件中的国家合作这三个层面的内容是最容易引起我国新浪微博用户围观和争论的题材。2.用户对境外媒体发布的文化娱乐类微博的评论向度更广，如日本的动漫、旅游和购物，韩国的明星、影视剧、K–POP和电子竞技，美国的好莱坞明星、NBA、流行音乐、体育竞技和街头文化，欧洲的时装秀、电影节、城市风景和风俗人情等显性文化内容。这些微博文本的图片具有极强的视觉消费性，营造出境外流行文化的时尚景观。在对境外娱乐文化和生活方式内容的微博评论中，用户评论的感情色彩丰富，大多数用户评论体现出对异质文化的喜爱以及对他国生活方式的向往，表示如果有机会愿意尝试境外的文化生活并表示如有可能也愿意改变当下的生活方式和文化习惯。

（二）境外媒体新浪微博账户用户评论的编码形态多样

用户在评论境外媒体新浪微博时多会采取较为丰富的文本编码形态，如文字＋图片、文字＋表情或文字＋链接等形式。部分用户在转发境外媒体新浪微博时，还会进一步丰富源文本中的内容，如添加图片、数据或视频，间接地扩大了境外媒体微博的信息容量和传播影响力。用户个人文本风格的差异化导致了境外媒体微博用户评论范式的不同。在评论新闻类境外媒体新浪微博账户发布的微博内容时，用户评论多以纯文字评论的形态为主，文字评论＋动画表情的形态为辅。这种以文字内容为主的评论形式能够直接表明用户对微博内容的态度和观点，情感符号的运用能够进一步凸显用户的个人态度和情感倾向。用户在评论娱乐类境外媒体新浪微博账户发布的微博时，文字评论＋动画表情是最为常见的评论方式，在文本中常会同时出现多种表情符号强化用户的内心情感，偶尔以文字评论＋图片的形式出现，表达个人内心想法和文化倾向的意图更加明显。

境外媒体新浪微博账户的特殊属性决定了用户评论文本形态的多样性。当用户在评论新闻性较强的微博文本时，用户评论在文字文本中直接表达个人的态度、观点和情绪，极少采用表情符号或语气助词，以直抒胸臆的叙事方式为主。当用户在评论娱乐性较强的微博文本时，用户评论的文本形态更具多样化的特点，多媒体的微博编码形式更为突出，评论文本的语言也更为轻松活泼，体现出用户在消费娱乐信息时的轻松心态。除了直接对源微博文本进行评论外，用户与用户之间以“@某微博账户+评论”的文本形态彼此互动，交换各自的观点，甚至在评论互动中产生文化交锋引来他者围观。

（二）境外媒体新浪微博账户用户评论的文化态度鲜明

新闻类境外媒体微博账户用户评论呈现出的文化态度可分为正面评论、中性评论和负面评论三个维度。当境外媒体新浪微博账户发布的微博内容涉及中国经济下行、国家财政支出上涨、物价上涨、楼市回暖和股票下跌等与中国微博用户日常生活密切相关的经济信息时，用户评论以负面评论为主，并被众多用户点赞。在针对某条微博内容作出评论的同时，用户会同时联系到其他经济现象并作出评论，尽管评论的主题偏离了源微博的主题，但在用户群体间却具有相当大的市场，能够被其他不发表评论的用户点赞。在境外媒体新浪微博发布的政治文化信息中，用户评论同样出现了正面、中性和负面三个维度的评论。在政治类微博的正面评论中，多数用户认同我国的国家政治文化，具有积极向上的政治文化态度，对国家的政策方略的认知较为理性。中性评论凸显的政治态度不明显，用户通过理性的分析微博内容，提出相关数据作为佐证或对微博中的专有名词进行解释，但不涉及个人观点，尽可能隐藏个人的政治文化态度。通过对境外媒体新浪微博账户发布的政治类微博的评论分析，正面评论和中性评论二者数量的总和却远远低于负面评论的总量。在2015年两会期间，@华尔街日报中文网、@路透社中文网Retuers和@FT中文网三家新闻类境外媒体新浪微博账户共发布了115条有关中国两会的微博，被评论308次（过滤掉广告和转发微博为内容的微博评论后的数据），负面评论共242条，占总评论量的79%，中性评论的数量略多于正面评论，共40条，而正面评论的数量是三个评论维度中最少的，共26条。用户评论内容最多的是对中国军队和政府官员贪腐、雾霾治理和政府决策等内容的讨论。关于经济内容方面集中体现在对宏观经济政策的讨论和未来中国经济发展的探讨。

表 5.2　　境外媒体新浪微博账户两会报道的微博评论维度分布（单位：条）

	正面评论	中性评论	负面评论
@ 华尔街日报中文网	19	28	195
@ 路透社中文网 Retuers	5	5	23
@FT 中文网	2	7	24

娱乐类境外媒体新浪微博账户发布的微博内容多是轻松活泼的境外文化信息，尤其是韩国媒体的新浪微博账户发布的内容涉及韩流文化的各个层面，是中国微博用户追逐的文化对象。用户在消费娱乐性较强的微博文本时，其评论也更富有感情色彩。以韩国媒体新浪微博账户发布的与韩剧《制作人》有关的微博为例，@ 韩国中央日报和 @myloveKBS 在 2015 年 4 月至 2015 年 8 月之间分别发布韩剧《制作人》的相关微博 16 条和 99 条，两个账户共发布 115 条微博，共收到评论 27463 条。

表 5.3　　境外媒体新浪微博账户韩剧《制作人》的微博评论维度分布（单位：条）

	正面评论	中性评论	负面评论
@ 韩国中央日报	1154	41	39
@myloveKBS	25229	822	178

在《制作人》的相关微博内容中，微博用户评论以正面评论为主，在 @ 韩国中央日报的 1234 条用户微博评论中，正面评论有 1154 条，中性评论 41 条，负面评论 39 条。正面评论占评论总量中的绝大部分，达到总量的 93%。KBS 作为韩剧《制作人》的制片方，@myloveKBS 成为中国微博用户追剧时的首要信源。用户认为 @myloveKBS 能提供与剧作有关的详细内容。因此，@myloveKBS 收到的用户评论数量是 @ 韩国中央日报评论总量的 24 倍。其中，正面评论共 25229 条（占评论总量的 96%），中性评论 822 条，而负面评论仅为 178 条。在正面评论中，用户表达了对该剧的期待，对演员

的喜爱，对韩剧剧本的赞赏以及对 @myloveKBS 微博发布的感谢。中性评论多是用户之间询问“在何处收看该剧”“哪里有中文字幕的版本”和“百度贴吧有更多资源”等，这些评论多是粉丝之间的资源共享，不涉及用户的情感表达。从中性评论中可以看出，微博用户希望从微博评论中分享或获取观看资源，以便自己能够及时地观看该剧。负面评论以评价电视剧剧情为主，因编剧没有按照观众的收看诉求编写剧情而引起用户的不满，有的用户因官方发布的剧情预告过短而作出负面评论。在负面评论中，用户对韩国文化的喜爱之情仍然十分明显，尽管在评论中出现了负面话语，但是在用户就负面评论的互动中反而推高了韩剧《制作人》的网络人气。

综合上述分析和第四章中的案例分析，在本文划分的新闻类和娱乐类境外媒体新浪微博账户的微博用户评论呈现出不同的文化态度，主要体现在以下几个方面：1. 评论内容方面，新闻类境外媒体新浪微博账户发布的微博以政治、经济和社会信息为主，微博内容更具新闻导语的功能。网页链接是新闻类境外媒体微博生产的主体内容，主要是对微博内容更为全面的理性阐释。因此，与 140 字的微博文本相比，网页链接中的内容才是影响用户观点并间接促使用户作出评论的关键。在对时效性和观点性较强的微博作出评论时，微博用户评论中的负面评论数量较多，而中性评论和正面评论数量相对较少。在用户评论的叙事上，这类评论也缺乏理性思考和感情色彩。娱乐类境外媒体新浪微博账户的评论中的正面评论数量较多，中性评论和正面评论数量较少。用户在评论中更能体现出自己的文化倾向，表达对异质文化的喜爱。2. 微博用户对来自不同国家的境外媒体新浪微博账户内容的评论态度不同。西方媒体在传统媒体时代形成的媒体公信力在社会化媒体时代依然存在，并将其话语优势延伸到我国的新浪微博。在对美国和英国媒体微博账户的内容进行评论时，负面评论主要针对我国经济转型和社会转轨过程中存在的各种问题。用户虽不受微博议题的限制，但欧美媒体对涉华事件的微博议程设置和框架设置仍能影响我国用户对相关事件的判断和情绪。用户对日本媒体发布的涉及日本本国的政治、经济、外交和军事等议题的评论，体现出较强的民族主义情绪，消极地看待中日关系，有维护我国国家利益的主观意识，语言中的爱国情绪明显。当用户对去政治化和去意识形态的日本文化事物进行评论时，多从他者的文化视角评论日本文化的优劣，作出中性评论，正面评论少，如对日本动漫、樱花、旅游景点和生活方式的用户评论等。韩国媒体新浪微博账户发布的微博是八个样本中最受中国用户追崇的微博账户，收到的用户评论数量最多，传播境外文化的意图最为明显直接，积极传播韩流文化背景下的多种境外文化产品，微博内容中的韩国文化流行元素明显。在用户对韩国媒体生产的微博文本作出的评论中，正面评论占绝大多数，负面评论的数量几乎可以忽略不计。韩国媒体的微博文本多在提供基础信息的同时，注重与粉丝的互动以及新节目在中国市场的推广，通过组织网络活动，强化用户对韩国文化的粘性，满足用户获取韩流文化信息的心理诉求。对韩国媒体而言，新浪微博兼具韩国文化传播和树立媒体品牌广告效应的双重意义。尽管如此，用户在对韩国文化信息评论时仍然体现出对韩国文化的强烈喜爱以及消费韩国文化产品时带来的精神快感。3. 在美国、英国、日本和韩国四个国家境外媒体的新浪微博账户中，韩国媒体发布的微博内容对中国用户的粘性最大，其次分别是美国、英国和日本。韩国媒体新浪微博账户发布的内容以娱乐文化信息为主，更适合填补用户的碎片化时间。加之，多年来韩流在我国已形成了稳固的用户基础，百度贴吧、天使字幕社、微信和讨论韩流文化的 BBS 等其他社会化媒体与新浪微博之间的资源整合强化了韩流文化传播渠道的整合。中老年用户使用传统媒体接触韩国文化，青少年用户使用社会化媒体接触韩流文化，韩流文化在中国的传播逐渐形成了媒介融合的传播体系，且各种传播渠道日臻成熟，文化传播力也在日渐提升。美国媒体和英国媒体新浪微博账户运营的专业化程度相当，二者都以海量微博发布的方式吸引中国用户的关注，积累社会化媒体的受众基础，扩大其新浪微博账户和中文网在中国社会的文化影响力。网页链接中的内容更具可读性，将篇幅为 140 字的新浪微博文本与深度报道的方式相结合，完善了微博文本中缺少的背景资料，通过网页链接功能的使用降低了社会化媒体信息生产碎片化的程度，提供观点性更强的信息，更易对微博用户的价值观念、意识形态和行为方式产生影响，从而在微博评论中体现出用户个人的文化倾向性。日本媒体新浪微博账户的粉丝人数在境外媒体新浪微博账户中位列中等水平。但受历史和现实因素的影响，日本媒体新浪微博账户发布的微博被评论、转发和点赞的频率却远远低于其他三个国家的境外媒体新浪微博账户。在叙事策略上，日本媒体突出日本社会、经济、文化和军事的发展现状等内容，极少涉及与中国社会有关的信息。在对日本媒体发布的微博进行评论时，用户的非理性情绪较为严重，用户借助于微博议题实现网络狂欢的意味浓重。

三、对本研究不足之处的再思考

本研究试图通过文本分析的方法分析境外媒体新浪微博账户的微博内容及其用户评论的文本，阐释境外媒体的社会化媒体账户对我国国家文化安全产生的影响。囿于研究者精力和能力所限，本文存在一些不足之处，主要体现在：1. 在研究境外媒体新浪微博账户对我国国家文化安全的影响时，由于本研究未涉及用户微博使用和消费的动机，缺乏境外媒体新浪微博文本对用户心理层面影响的微观描述。2. 研究方法上的不足。本书在量化研究和质化分析结合的基础上，运用文本分析、归纳分析、演绎分析和案例研究等方法对本选题进行学理性的阐释，但对部分内容的分析解读仍有待完善。本书的研究样本量较大，无法一一分析全部案例，只能着重于最具代表性的案例。此外，本书重点考察了境外媒体新浪微博账户对我国国家文化安全产生的影响。事实上，在我国除新浪微博外，还有其他本文未涵盖的社会化媒体形态，如微信、百度贴吧和 BBS 等，不同的社会化媒体可能会影响到境外媒体对我国产生文化影响的范围和程度。如果对多种社会化媒体形态进行抽样研究，能够进一步完善本选题的研究结论。不过，对境外媒体新浪微博账户及用户评论文本的分析仍具有代表性。3. 本文依据境外媒体新浪微博账户发布内容的文本特点，将样本中的八大境外媒体新浪微博账户分为新闻类微博账户和娱乐类微博账户两大类，未进一步细分样本类型。样本中的 @ 美联社和 @ 读卖新闻中国已不再更新，但考虑到美联社和《读卖新闻》在本国和全球的影响力以及特殊的文本形式，本研究还是选择将这两个样本纳入样本框，但这两个样本的抽样时段不同于其他六大境外媒体的新浪微博账户。研究样本多样性有助于本文更好地探究境外媒体新浪微博对我国国家文化安全产生的多重影响。受研究样本的局限，本文未能穷尽当下我国社会化媒体中所有的境外媒体新浪微博账户的特点及其产生的文化影响。

总体看来，本研究对全球化语境下社会化媒体对国家文化安全的影响这一选题的分析较为全面，主要有如下特点：1. 样本涉及的境外媒体新浪微博账户依托当今全球最具国际影响力的跨国境外媒体，涵盖了欧美文化圈和亚洲儒家文化圈两大文化圈层中的八大境外媒体，便于考察全球化时代异质文化信息通过社会化媒体的传播对我国国家文化安全产生的客观影响。2. 由于微博文本碎片化程度高，如果抽取样本的数量过小则会导致本文在论述上过于偏颇。因此，本次研究抽取的文本样本数量较大，集中抽取一年间共46012 条境外媒体发布的新浪微博文本，并对典型性的案例进行着重描述和分析，从对部分内容的分析中归纳出境外媒体新浪微博产生的文化影响。3. 同时对境外媒体新浪微博账户的微博文本和用户评论文本进行文本分析和理论思考。解构用户评论文本中蕴含的文化指向和文化态度，结合境外媒体新浪微博文本叙事特点、议程设置模式和框架设置的特征分析这类微博的文化影响，从宏观和中观的层面剖析境外媒体的新浪微博使用对我国国家文化安全产生的多种影响。

第二节　社会化媒体对我国国家文化安全影响的理性思考

在传统媒体时代，异质文化借力于发达的媒介传播体系成为全球强势文化，且不断冲击着我国的国家文化，体现在学术研究、生活方式、文化娱乐和精神消费等多个层面，对中国民众思想观念的影响尤为突出。我国的改革开放政策为异质文化进入中国社会提供了契机，大量带有异质文化色彩的文化符号在我国传播，使消费异质文化商品成为国人追逐的时尚潮流，吃麦当劳、听杰克逊、看外国影视剧和跟 VOA 学英语等社会行为是 20 世纪 90 年代中后期中国城市中最为普遍的文化景观。异质文化商品背后隐藏的文化霸权问题是全球化时代对国家文化影响最为真实的描述，“发展中国家捍卫自己的文化也就是捍卫主权”①。国家文化的安全与否与国家存亡息息相关。隐匿在媒介信息外壳下的文化传播在不经意间改变着受众的价值观念，影响着我国的国家文化。

媒介的发展让具有虚拟社交特点的社会化媒体成为当下全球媒介体系中最炙手可热的文化传播载体。社会化媒体的出现加速了全球文化和本土文化的分野，国家文化安全在全球化时代将面临来自多种异质文化的挑战，文化渗透的方式更为隐蔽且难以预防。随着社会化媒体对我国用户日常生活影响的深化，境外媒体新浪微博账户发布的文化信息也能够更为直接的对中国用户的文化观念产生影响。各具文化特性的欧美文化和日韩文化在社会化媒体场域中分别对国人的生活方式、语言习惯和价值观念产生多元影响。新浪微博作为我国最具代表性的社会化媒体，经过六年的发展已成为我国最成熟的观点市场，也是境外媒体、政府机构和国际政要使用频率最高的社会化媒体形态。新浪微博用户在信息消费时感受追逐信息的快感，在吸收他者文化观念的同时也加剧了国家文化与异质文化之间的文化交锋。在多种文化冲突的现实下，用户微博文本中隐含的态度和观点呈现出新浪微博使用对我国国家文化的影响。

一、境外媒体新浪微博账户影响我国文化的方式

（一）境外媒体新浪微博账户对我国用户价值判断的影响

从境外视角出发，在涉华事件中通过微博文本的生产建构符合境外国家利益的舆论话语是境外媒体影响我国国家文化安全的方式之一。境外媒体新浪微博打破了境外媒体对我国用户传播信息的屏障。用户受境外信息的影响更为直接，获取境外信息的渠道更加多元化，使我国网络舆论环境更加复杂。中国历来是境外媒体文化输出的对象，不同国家背景的媒体根据其国家利益

① 〔美〕佛兰西斯·福山：《历史的终结及最后的人》，黄胜强、许铭原译，东方出版社，1998，第 1 页。

而调整对新浪微博用户的传播策略和议程设置方式，通过构建涉华事件的微博框架，构建出较为负面的中国形象。从新闻类境外媒体新浪微博账户发布的大多数微博内容中可以看出，发布的涉华议题描述了中国社会发展面临的种种危机，在构建中国经济文化、政治文化、社会文化和大众文化等文化形象时，通过微博内容来实现境外观念的传播，着力塑造世界发达国家繁荣的经济景象，凸显“中国经济下行”的主题，营造出中国经济疲软的负面形象，动摇中国用户对我国国家经济文化的认同。

在相对去政治化的微博文本中，用户的观点态度决定了网络舆论对其影响的深度。用户在接触境外媒体微博内容时，当个人观点与境外媒体微博表达的观点一致时，用户会在微博文本中找到心理共鸣，并主动作出评论，评论的态度取向更易受到境外媒体微博内容倾向性的影响。当用户的个人观点与境外媒体微博观点之间存在可协商的空间时，用户会选择保持沉默，不作出具有态度倾向的中性评论，这类用户作为社会化媒体中沉默的大多数，更容易受到关注账户、好友或粉丝的影响，在观察其他用户的评论中不断修正自己的观点和看法。当用户的个人观点与境外媒体微博观点相悖时，个人撰写评论来表达文化诉求的意愿更加明显，评论文本中体现出的文化交锋特征愈发显著。

娱乐类境外媒体新浪微博账户发布的文化信息是社会化媒体舆论建构的另一种形式。这类账户发布的微博直接传播本国的流行时尚和生活方式，以显性文化影响的方式让用户感受其国家文化的优越性，不仅主动设置文化议程，还通过传受双方线上线下互动等多种形式，使用户形成对异质文化价值观和生活方式的认同，从而影响用户的价值判断和文化消费行为。尽管粉丝人数远不及新闻类境外媒体微博账户多，但由于娱乐文化是满足现代人精神层面文化需要的必需品，极强的娱乐性内容是填补用户碎片化时间的最佳文本。因此，这类微博更容易被用户评论，与用户之间的信息互动更为频繁。用户在了解文化差异的情况下，会衷心地追崇异质文化，并乐于被其影响而改变自己的文化态度。与内容相对严肃的新闻类微博账户相比，娱乐类微博文本的价值取向更易影响中国用户的文化观念和价值判断，特别是诱发年轻用户对异质文化的模仿行为。“模仿”是“模仿者与被模仿者忠实的复制”[①]。用户对欧美、日韩文化的模仿源于其内心对异质文化的追崇，也是异质文化在我国形成坚实的受众基础的深层原因，微博用户评论中体现出对欧美和日韩文化的喜爱是异质文化意识在中国本土不断扩张的体现，对异质文化行为的模仿也是本国用户价值判断转向的表征。

境外媒体新浪微博账户生产的文化信息以柔性的方式更为隐蔽地参与中国社会化媒体的舆论建构，在舆论引导的过程中强化了异质文化对中国用户的吸引力，影响中国用户的价值判断。一方面，境外媒体新浪微博账户关注中国的发展进程，通过自行建构的微博文本来影响虚拟空间中的舆论导向，试图左右中国用户在涉华事件中的价值判断，从而形成意识形态层面的文化影响。另一方面，境外媒体新浪微博账户也以本国利益为文本生产的动因，用新奇时尚的异质文化符号来引起中国用户的关注，推动本国文化在中国社会的传播。G. 格伯纳认为，“社会要作为一个统一的整体存在和发展下去，就需要社会成员对该社会有一种‘共识’”[②]。在国家发展中，民众对国家文化形成的文化共识是国家发展的内在动力，境外媒体新浪微博账户试图消解中国用户固有的文化共识，从而消解用户对中国国家文化的认同。境外媒体新浪微博评论和点赞展现出各社会阶层用户文化心态上的差异。微博是社会化媒体用户意见表达的重要途径，境外媒体微博虽然丰富了中国用户对异质文化的想象，但也使用户在文化选择的过程中变得茫然，对异质文化信息的选择、模仿和消费不断改变着其对本国国家文化的观念和看法。在全球化语境下，社会化媒体用户对国家文化安全所形成的“共识”是抵御异质文化渗透，抵御异质文化对我国国家文化安全影响的关键。

（二）境外媒体新浪微博账户对我国用户文化价值观的影响

普罗瑟（Michael Prosser）指出：“价值观是个人或群体通过文化交际构成的模式。它们是最深层次的文化。”[③] 文化价值观是国家文化的重要构

① 汪民安主编《文化研究关键词》，江苏人民出版社，2007，第 200 页。
② 郭庆光：《传播学教程》，中国传媒大学出版社，1999，第 222 页。
③ 胡文仲：《跨文化交际学概论》，外语教学与研究出版社，1999，第 166 页。

成要素，是国家文化软实力竞争的核心力量。国家文化中的文化价值观是民族国家在历史变迁中形成的对经济价值、政治价值、文化价值和自身价值的认知和评价体系。我国民众对主流文化价值观的认同关系到国家的长治久安，是维护国家文化安全的重要向度。在以社会主义核心价值观为考察要素的基础上，本研究发现，境外媒体微博文本生产对我国用户的文化价值观产生了深刻的文化影响，主要体现在经济文化认同、政治文化认同和流行文化认同三个方面。在对我国经济文化的影响方面，大到国家经济的宏观政策信息，小到与中国民众生活密切相关的生活信息均是新闻类境外媒体微博账户发布的议题。中国用户的文化价值观念作用于国家经济文化，而国家经济文化又反作用于受众的文化价值观，影响用户的消费行为和对国家经济政策的认同程度。中国作为历史悠久的东方大国，富强、民主、文明、和谐是当代中国建设发展的目标，受众对社会主义核心价值观的认同关系到我国经济的和谐发展。“中国经济下行”“楼价虚高”“房地产泡沫”“商品出口受阻”“机械制造业发展前景不容乐观”等中国宏观经济的叙事，刻画出中国发展疲软的经济形象。在从全球经济发展的视角看中国经济发展的微博中，境外媒体新浪微博账户认为中国经济下降速率可能会将全球经济拖入衰退的境地，变相指出中国成为全球经济发展中的不稳定因素。“美国经济缓慢但稳定地前行，中国则显示出精疲力尽的迹象”这类将中国和西方国家经济发展现状做对比的文本较为常见。在描述美国、欧洲和日本经济发展的微博内容中，“以美元为中心的国际金融体系”“西方发达国家在全球经济中的主导地位”和“资本主义社会体制的优越性”等主题颇为常见。他们营造出中国经济发展下行，对全球经济发展和美国经济发展都产生了消极影响的假象。在这些微博的评论文本中，对主流核心价值观中国家“富强”的价值观念消解程度严重，不少用户赞同境外观点，认为“中国经济疲软已成现实”“经济制度有待调整”“股市泡沫严重”“生活成本过高，生存困难”和“中国贪腐对中国经济的影响”。由此可见，境外媒体新浪微博账户通过对中国经济议题的议程设置消解着我国用户对国家经济文化的认同。

对中国政治文化的讨论是境外媒体影响中国民众对国家政治文化认同的方式，“中国政府”“中国领导人形象”“中国政治事件”“中国政治形势”“中国政治环境”和“中国政治体制改革”等一切与中国政治进程相关的内容都是境外媒体新浪微博账户内容生产的素材。通过对普通事件的描述来凸显中国政治文化的负面形象是境外媒体把握话语权的常用手法。中国富人海外移民数量上升的数据是“中国政治环境不稳定”这一观点的佐证。“香港占中”事件的发生是因为香港已从过去重视商业发展开始向担忧自己的政治命运转移，是城市发展过程中会遇到的必然问题。“周永康下台”事件标志着中国反腐的开始，也是对我国官员政治觉悟提升的重视。境外媒体则普遍认为“香港占中”事件和“周永康下台”都是2014年最令人意外的中国政治变故，中国政治的未来是“危险的”。在对这类事件的文本建构中，境外媒体体现出对中国政治文化发展的担忧，认为国家发展中存在着太多的不稳定因素，在表达担忧情绪时试图引起用户的情感共鸣。这些中国政治文化议题的建构在某种程度上影响到中国用户对中国政治文化的认知理性，出现了部分不认同国家政治文化的负面评论，对中国主流政治文化的认同感较低。用户评论体现出对欧美国家的政治体制和政治生活的崇尚。不过，在涉及对国家文化的情感归属时，大多数评论对国家完整有着较高的认同感，支持我国现行的政治制度、政治体制和政治决策。境外媒体新浪微博账户对中国政治文化的影响程度不及对中国经济文化的影响程度，但负面影响仍然存在。

境外媒体微博账户对我国流行文化的影响是多元的。席勒曾指出：“电影、广播电视节目、书籍、新闻报道等随处可见的文化产品或服务，它们所提供的并不仅仅是消息和娱乐，同时也是传播社会价值或政治观点的工具；最终，它们会对全社会的精神结构产生深刻的影响。”① 美国队长、NBA、蕾哈娜、金秀贤、Hello Kitty、英伦风等，这些境外流行文化符号在中国用户中都产生着极强的文化影响。境外媒体新浪微博账户利用中国用户熟知的

① Herbert I. Schiller, *Who Knows?:Information in the Age of the Fortune 500*, (Norwood, NJ:Ablex,1981).

文化符号来传播其国家的流行文化，中国用户乐于接受时尚性强的境外流行文化元素，并受到外来流行文化中的文化价值观的影响。境外媒体文化身份的多样性丰富了我国用户的流行文化生活，西方消费主义在我国的传播也增强了用户消费境外流行文化的欲望，微博用户评论一边倒的现状证实了境外流行文化对我国用户的文化吸引力。关注境外媒体新浪微博账户的行为本身即是用户受到异质文化的吸引，渴望接触新奇的境外流行文化元素的表征。在接触境外流行文化时，境外商业品牌也随着境外流行文化在中国的传播而被中国用户熟知，逐渐形成了从传播异质文化到拓展商业品牌知名度，再到引起中国用户购买欲望，最后促成境外品牌商品的购买行为，体验境外品牌商品中蕴含的文化附加值。

新浪微博中凝结成的文化“圈”加深了异质文化对我国用户文化价值观的影响。境外媒体新浪微博账户在传播文化信息时，大量海外流行文化符号在“圈”内的传播将兴趣爱好相同的微博用户凝聚在一起，拓宽异质文化的传播空间。经济文化和政治文化议题的境外媒体微博影响了中国用户的价值观，而境外流行文化的传播除了对我国用户文化价值观产生影响外，还诱发一部分用户消费行为的改变，进而影响到我国国家文化中的民族语言和生活方式。

（三）境外媒体新浪微博账户对我国语言文化体系的影响

语言文化是每个国家独有的文化符码。作为国家文化中最基本的文化元素，语言文字是连接信息编码和信息解码者的符号载体，语言的使用能够直接影响用户的思维模式。在传统媒体时代，以美国为首的西方发达国家通过电影、电视剧、报纸、广播和综艺节目等媒介形态向我国源源不断的输出具有西方意识形态特征的文化产品，一方面强化了西方文化在中国社会的文化影响，营造出资本主义生活场景的浪漫幻想。另一方面，深化了英语在中国社会的文化影响，学英语一度成为民间热潮，去西方国家留学也成为年轻学子个人发展的新趋势。现在，英语成为全球性的通用语言，是联合国的工作语言，甚至是一些弱小国家的官方语言。英语逐渐成为社会精英身份的衡量标准，也是个人发展国际化程度的体现。阿尔文·托夫勒曾说过“美国目前所具有的第一大优势是它的语言。英语是在……数十个领域内通用的世界性语言，全球各地数以亿计的人口至少能在某种程度上掌握英语，从而使得美国的思想、作风、发明和产品能够畅通无阻地走向世界”[①]。在东西方文化的碰撞与融合过程中，语言问题是影响传播效果的关键。

首先，对我国汉语词汇的影响。一方面，境外语言的多样性丰富了我国的汉语词汇，另一方面，境外语言与我国汉语词汇的融合也对我国语言发展的独立性产生了影响。在我国新浪微博中，汉语是常用的交际语言，活跃在我国社会化媒体中的境外媒体也多通过汉语向中国用户投放信息。在本书的研究样本中，除 @ 美联社出现过明显的语言传播转换策略外，其他研究样本均以汉语为主要语言，偶尔会使用本国语言生产微博。@ 美联社的微博发布和用户互动形成了独立的英语语义空间，其微博用户评论几乎都以英语为主，用户使用英语直接对英语内容进行评论，扩大了英语在中国社会化媒体中的传播范围。

除英语外，在样本微博的用户评论中可看出其他语言对汉语词汇发展影响的轨迹。用户评论的语言中包含了英语、日语、汉语和阿拉伯语等各种语言的词汇音译，如韩语的汉音化词汇“欧巴（오빠）”“思密达（습니다）”“撒浪黑（사랑해）”等在中国用户的微博评论中出现的频率极高。其中，“思密达（습니다）”在 2012 年后迅速风靡中国的各大社会化媒体，成为网络用户发表评论时的语气助词之一，是用户模仿韩语说话方式的真实反映，如“加油，思密达！”等语言表达手法。新浪微博的开放性和包容性为境外文化在中国的传播提供了契机，也使中国用户能够随时接触到其他文化中的高频词汇。外语伴随着境外媒体的微博生产嵌入我国的语言体系，除韩语常用词汇的直接音译使用外，源自日语中的“宅（ヲタク）”和英语中的“粉丝（fans）”也被《现代汉语大词典》第 6 版收录，成为日常化使用的汉语词汇。从外来语在新浪微博的小范围运用到成为网络热词，这一过程凸显了境外文化对我国汉语词汇体系的影响，也是境外文化对我国国家文化安全影响的明

①〔美〕阿尔温·托夫勒:《权力的转移》，刘江等译，中共中央党校出版社，1991，第 465 页。

显表征。

其次，对我国用户的思维模式和行为方式的影响。用户对境外语言的使用频率直接影响到其对内容的追逐和文化审美的向度。萨皮尔－沃尔夫假说认为语言形式决定着语言使用者的态度、思维和信仰等内容，对文化和意识形态也具有典型影响。不同的语言构成了民族国家间的文化差异性，也使不同国家的语言使用者在思维方式上具有显著差异。语言使用习惯让使用者在感知某事物或事件时迅速地形成条件反射，从而作出与语言和文化行为相符的评判。从粉丝的语言习惯看，关注境外媒体新浪微博账户的粉丝大多会同时关注同一语种背景的微博账户，如关注英语背景的 @ 华尔街日报中文网的用户会同时关注 @ 美联社、@FT 中文网、@ 美国国家地理或 @ 美国之声音乐资讯等英美国家的境外媒体新浪微博账户。这些账户大多数内容用汉语书写，受英语原始素材的限制，微博文本中的汉语表达仍体现出英语的思维方式。这一特点在新闻类境外媒体新浪微博账户中体现得尤为明显，包括新闻微博的撰写方式、新闻图表中的语言表达以及与用户互动时的语言沟通方式等都存在英语的烙印。此外，韩语在中国社会化媒体中产生着与英语类似的文化影响效应。这种效应在韩流粉丝群体（韩饭）中体现得尤为明显。“韩饭”会主动学习韩语以便更快速地了解韩流文化信息。我国社会化媒体中“韩饭”的韩语语言能力，大致可分为三类：第一类是能够熟练运用韩语进行日常阅读和生活交际的“韩饭”，第二类是能够运用韩语实现日常性交际表达的“韩饭”，第三类是仅能使用韩语中最流行的词汇和简单句型，可以用汉音化的字符来表达韩语意思，但不能用韩语书写微博评论的“韩饭”。从粉丝的个人微博可以看出，使用韩语对前两类“韩饭”的思维模式和行为方式的影响较大，使用韩语成为这类人群微博评论的文化常态。他们能够通过韩语直接获取韩国文化资源并在社会化媒体中自行传播，其审美取向也日趋韩国化。韩语使用能力处于第三层次的用户在微博评论中，多使用汉语与韩语（或韩语音译）交替使用的方式编辑评论文本。在韩国境外媒体新浪微博账户的用户评论中，汉语和韩语的混合使用情况严重，一些中国粉丝甚至能够直接用韩语与韩国媒体新浪微博账户进行互动，索要韩流信息。在研究样本中，用户对日语的使用频率远不及英语和韩语，汉语仍是用户评论日本媒体新浪微博的主要语言，多数用户甚至抵触日语，对汉语的保护意识强烈。

“一个民族的风俗习惯常会在它的语言中有所反映。”[①]在欧美文化海外输出的同时，日本和韩国也在积极调整文化输出战略。大量海外文化产品的输入，既丰富了我国民众的精神文化生活，打开了了解全球社会的信息窗口，又使我国的国家文化面临更多的现实问题，尤其是国家语言和文字的问题。境外媒体新浪微博的接触行为本身体现出中国用户受到了异质文化新奇性的吸引。外来词汇、口语、书面语、俚语和流行语等丰富了我国汉语的语言体系，但也使境外语言对我国汉语语言体系的渗透成为现实问题。

（四）境外媒体新浪微博账户对我国用户生活方式的影响

生活方式是文化内化到心灵深处的价值观念，直接作用于社会个体的思想和行为，是文化对个人行为显性影响的表现，也是国家文化的重要组成部分。可以说，文化对社会个体最直接的影响即是对其生活方式的影响。社会化媒体的使用促进了各国文化在中国社会的传播，也拓宽了国人接触他国生活方式的媒介途径。广义的生活方式包括了社会个体衣食住行的方方面面，如文化娱乐行为、社会交往行为、物质生活消费行为和精神生活消费行为等，以及与这些社会行为相关的思想层面的种种观念。

在我国的新浪微博中，分享信息和观点之余，接触他国生活方式，追逐异国风情的节日、服装和饮食是我国社会化媒体用户文化信息消费的另一重要向度。传播本国生活方式是境外媒体新浪微博账户微博生产的内容之一。美国和英国的境外媒体新浪微博账户会发布西方建筑、节日、饮食和社交方式等生活方式的信息。在日本媒体发布的微博中，风景优美的旅游胜地、味道可口的日本小吃、谦和有礼的日本民众以及富有时代感的大都会等都表露着“酷日本”的生活方式。韩国媒体在影响中国民众生活方式的策略上与其他三国略有不同，在发布韩国旅游信息、饮食文化和风土人情等传统生活方式信息的基础上，以韩国影视剧、明星、综艺节目和音乐为载体凸显“时尚

① 〔瑞士〕费尔迪南·德·索绪尔：《普通语言学教程》，高名凯译，商务印书馆，1980，第101页。

韩国”的主题，依托于中国受众可接触到的文化产品来传播韩国生活方式，包括节目中的明星同款服饰、影视剧中的韩国饮食和其他不为中国用户熟知的韩国节日和民俗。新浪微博成为异质文化制造消费欲望的工具，令人眼花缭乱的异质文化元素是吸引用户体现他国生活方式的诱因，异国节假日、服饰穿搭和西方餐点等都是极具看点的物质消费内容。

图 5.8　@华尔街日报中文网对西方圣诞节的报道文本

以图 5.8 中的内容为例，直接用文字叙述西方圣诞节的华丽场景，勾起中国用户对西方圣诞节的向往之情。用体现复古英伦气息的图片强化了西方圣诞节的视觉效果，营造出浓烈的西方圣诞气氛。微博图片既选取了英国知名的公共场所，如伦敦的斯隆广场、戈林酒店和庞德街，又选用了英国家庭的圣诞场景。图三中的文字写道：“在斯皮塔佛德，赛维的家是一个能让人完全沉浸在英国文化传统中的地方。静物戏剧、装置艺术，这个博物馆将游客们带入了 18 世纪东伦敦家庭的往日生活中。”这条微博一方面向中国用户传递着英国圣诞节的节日信息，强调圣诞节是拥有悠久历史的重要节日。另一方面在文本中暗示中国用户这些城市、食物和场所才是与圣诞节相匹配的消费，勾起中国用户对西方生活方式的向往。在63条用户评论中，表示“想去伦敦过圣诞节”的用户评论有24条，约占用户评论总数的1/3，其他用户评论分别是转发微博、@好友或表达对伦敦和欧洲国家的好感和向往。其他境外媒体新浪微博账户也以微博链接的形式剖析了中国人喜欢过圣诞节的原因，认为圣诞节在中国是仅次于春节的第二大节日，原因在于中国基督徒数量的增加。除描述和评论西方圣诞节的微博内容外，境外媒体新浪微博账户在适宜的时机向中国用户推销于圣诞节当天上架的商品。这些微博文本以圣诞节为契机向中国用户推销西方的生活方式和文化商品，试图从文化传播的视角影响我国用户的消费行为，强化西方文化对中国用户的吸引力。

由于历史文化和地缘政治的客观原因，中国、韩国和日本同属于儒家文化圈，国家文化间既存在共同性，又存在差异性。日本媒体的新浪微博账户在影响中国用户消费行为时，经常发布中国用户熟悉的各种品牌的商品信息，如索尼、丰田、本田、三菱、东芝等。与西方国家媒体新浪微博账户影响中国用户消费行为的方式不同，日本媒体的新浪微博账户依托本国强势的商业品牌，直接向中国用户推销最新的日本高科技产品，刺激用户对日本产品的购买诉求。韩国媒体的新浪微博账户较少发布韩国商品信息，多通过影像产品传达与韩国有关的生活方式，重视图片在社会化媒体使用中带来的视觉传播效果。韩国媒体微博的图片和视频展现了当代韩国的生活风貌，如韩国民众的日常食谱、装有韩流电视剧的U盘、韩国明星推崇的化妆品品牌以及韩国的传统饮食等。在韩剧的热播和新浪微博网友热评的双重作用下，“喝啤酒吃炸鸡”“韩国烤肉”“人参鸡汤”“泡菜”等逐渐成为中国用户熟悉并追逐的生活方式。

此外，境外媒体新浪微博账户的微博发布直接影响着用户业余生活的娱乐行为。本研究样本中的四个国家都是全球文化产业出口大国，这些文化产业强国逐渐摸索出适合全球传播的文化产品形态。自20世纪90年代起，这些国家生产的影像产品就已成为深受我国用户喜爱的日常娱乐消费品，但观赏场所的局限性使受众不能随心所欲的观看来自这些国家的影像产品，往往需要通过媒介组织的把关之后才能观看欣赏。社会化媒体使用行为不受时空限制，用户能够进行内容的自我把关，检索满足自身观赏诉求的影像产品。新浪微博的技术特点使跨社会化媒体间的信息整合式传播成为可能，微博内容能够随时被分享到视频网站、微信或互联网网页等公共虚拟场域，也能被用户自主分享到朋友圈等私密性较强的私人虚拟场域，娱乐文化的公共场域和虚拟场域的界限不断被模糊，影像产品的观赏场所也不再局限于卧室、客厅或电影院。

在多种网络娱乐资源整合的背景下，境外媒体新浪微博账户向中国用户推销娱乐信息更加容易。在境外媒体新浪微博账户发布的微博中，涉及境外电影、电视剧、综艺节目、偶像明星、流行音乐和体育竞技等海量娱乐内容。不同国家背景的境外媒体新浪微博账户的娱乐文化传播策略不同。其中，美国媒体更乐于传播好莱坞电影，在文字间凸显气势恢宏的影像效果和高潮迭起的故事情节，图片在影像语言表达的同时刻意突出电影人物的高大全形象，英雄主义叙事色彩浓烈，尤其是美国的漫威电影。英国媒体微博的娱乐信息以报道美国电影的近况为主，如《星球大战7》《大空头》和《007：幽灵党》等，偶尔也发布一些中国、印度和其他国家电影的信息。日本媒体微博将娱乐内容的重点集中在动漫内容，如日本著名的动漫形象 Hello Kitty、铁臂阿童木、动漫《新世纪福音战士》和《名侦探柯南》等。新浪微博话题 # 新世纪福音战士 # 的阅读量突破了 84 万次。由此可窥见日本动漫在新浪微博中的潜在市场。在“Hello Kitty”的相关微博中写道：“全球约 130 个国家和地区销售凯蒂猫商品”“世界首家凯蒂猫主题中餐店在香港开业”“阪急百货梅田总店举办凯蒂猫诞生 40 周年纪念展”等，让虚拟化的动漫形象的日常消费更具真实感。韩国媒体的新浪微博账户是样本国家中娱乐性最强的账户，影视剧、综艺节目和 K-POP 的推介在博文中随处可见，并且只推送与本国娱乐信息有关的内容，几乎不涉及其他国家的娱乐信息。韩国媒体微博的博文多采用直接叙事的手法，如“在 KBS 2TV 频道播出的月火剧《明日如歌》中，留在大家记忆中最精彩的片段是哪一个片段？”等。这种微博叙事策略更直接地建构着中国粉丝的日常娱乐议程，吸引他们消费韩国影像产品。

社会化媒体使用行为是一种后现代性的生活方式，文化娱乐信息是社会化媒体用户消费的重点对象之一，也是当下中国用户消磨闲暇时间的生活方式之一。从民俗节日到日常饮食，从美容服饰到生活旅游，从文字阅读到影像消费，境外媒体新浪微博账户通过平铺直叙的叙事方式让中国粉丝直接获取异质文化信息、主动设置信息议程的方式，在微博文本中建构着中国粉丝对境外生活方式想象的方方面面。境外媒体微博文本中既蕴含着物质消费的诱惑，又蕴含着精神消费的吸引，中国用户对西方节日的追崇体现出西方生活方式对我国文化的渗透。社会化媒体使用的日常化使中国用户有更多的机会去消费他国物质信息和文化信息，接触和模仿他国生活方式的便利性大大提升，境外媒体新浪微博的信息生产对我国生活方式的影响也愈发明显。

二、全球化语境下维护我国国家文化安全的三组关系

欧美文化和日韩文化经过产业化的发展后，形成了具有国家特点的文化符号体系。样本中的四个国家重视文化产品的商业价值，善于整合可利用的媒介资源，树立国家文化品牌，占领各国的文化市场。此外，这些国家还十分重视用户文化消费后的个人体验，使文化产品前端商业价值向用户体验末端文化价值转移。随着社会化媒体在全球各国的迅速普及，社会化媒体对人际关系、媒介关系、社会关系以及国际关系等各种关系的重构引起诸国的广泛关注。美国是全球最早意识到社会化媒体文化传播功能的国家，利用社会化媒体向他国输出价值观念和意识形态是美国文化外交的重要战略。社会化媒体让文化融合与碰撞变得更加激烈，在理论和现实的双重作用下，社会化媒体被提升为各国的文化战略，甚至是国家的安全战略。

在全球化语境下，社会化媒体群体的多元化特征使国家文化安全成为需要从国内和国际两个层面去考察的复杂议题。在国内，社会化媒体是我国民众参政议政的新平台，政府机构、民间组织、社会精英、国际政要和草根用户等多个群体的话语生产直接参与着国家文化的建构和解构。我国正处于社会转型和经济转轨的关键时期，民众对国家发展中政策和制度的了解程度关系到我国国家发展的稳定程度，社会发展过程中的不稳定因素在某种程度上存在着消解民众国家文化认同感的风险，威胁国家文化安全。

国内社会化媒体用户对各类事件的参与、讨论，从各种视角体现出其对国家文化的理解方式和认同程度。社会化媒体的合理性使用能够实现国家文化在社会群体中的良性传播。但用户对社会化媒体的非理性使用则会导致民粹主义在虚拟场域中的蔓延，用户偏激的网络讨论极易发酵为对国家政治、经济和文化层面的撕裂。在国际上，世界经济发展强化了各国之间的依存程度，国家文化需要在保持自己文化特性的基础上，利用其他国家文化中的优质文化元素推动本国文化的发展。但传播媒介中信息纷繁复杂，并非所有文化信息都有助于我国国家文化的发展。中国文化因深厚的历史积淀形成了独特的文化魅力，但与欧美和日韩地区相比，我国文化产业的发展尚处于初期阶段，欠缺具有国家文化特征的民族文化品牌，在全球文化市场的竞争中仍处于劣势。相反，社会化媒体信息传播的便利性为其他国家对我国的文化渗透提供了新平台。他国对我国文化渗透的目的是对我国的国家文化和意识形态构成影响，从而影响我国的和平发展与国家稳定，威胁国家安全。因此，考察全球化语境下社会化媒体使用对国家文化安全的影响时，要正确认识并处理好以下三组关系：

（一）平衡异质文化传播与国家文化安全的关系

在社会化媒体普遍使用的今天，我们在重视传统媒体领域国家文化安全的同时，也应清晰地认识到社会化媒体中境外媒体信息生产对我国国家文化安全产生的影响。从本研究中可看出，境外媒体在我国社会化媒体中发布的内容涉及中国经济、政治、文化和科技发展等各个向度。自 20 世纪 90 年代西方思潮进入中国以来，部分中国用户乐于追逐异质文化背景下的媒体信息，倾听来自境外的观点意见。在包容性强的社会化媒体中，境外媒体的新浪微博账户打破了信息传播的把关人机制，直接对中国社会化媒体用户传播异质文化信息，使我国社会化媒体场域的舆论环境更加复杂，文化竞争日趋白热化。多种文化背景信息的交叉传播是全球化时代的文化发展趋势，境外媒体的中国社会化媒体使用行为也逐渐成为常态。在本研究的两类境外媒体新浪微博账户中，新闻类境外媒体新浪微博账户侧重于用涉华信息来实现境外观点对我国用户观念和行为的影响。娱乐类境外媒体新浪微博账户用流行文化内容对我国用户产生影响，改变用户的审美取向、价值观念、生活方式和文化态度。在全球化日益加深的今天，闭关锁国地发展本国文化，维护本国文化安全不符合时代潮流。在汲取异质文化精华的同时，认清境外媒体新浪微博账户对我国国家文化安全的影响，处理好我国国家文化安全与境外文化在华传播之间的关系成为维护国家文化安全、保持我国国家文化可持续发展的关键。因此，平衡境外社会化媒体文化传播与国家文化安全之间的关系对维护我国国家文化安全具有战略性的意义。

张开认为在新媒体时代，国际舆论更加嘈杂，境外媒体总能在社会化媒体中“找到中国民众的愤怒情绪”，国内社会化媒体的信息生产也使各种信息真假难辨，谣言四起。“新媒体舆论环境表现出的突出问题是舆论混乱和失范有常态化的趋势，利用新媒体左右国际舆论已经成为现实。”① 境外媒体新浪微博账户的微博生产与我国媒体自身的信息生产共同构成了社会化媒体中“嘈杂的声音”，让社会化媒体中的舆论环境瞬息万变，也存在影响我国国家文化安全的现实风险。因此，在平衡异质文化的社会化媒体传播与我国国家文化安全二者之间的关系时，首先，我们应积极利用社会化媒体的信息生产特点，提升本国权威媒体和政府部门的舆论引导力。对容易引起用户误读的事件、政策和数据等内容加以解读，尽可能避免用户在碎片化信息阅读中产生的歧义，并通过连续发布的形式强化我国媒体和政府的社会化媒体舆论影响，主动建构涉华事件的微博议程，把握我国社会化媒体中的话语权。其次，在顺应文化产品娱乐化和商业化发展潮流的前提下，借助社会化媒体文字加影像的双重传播优势，展现我国的生活方式和文化传统。在与欧美和日韩地区媒体的文化竞争中，提升我国国家文化对本国用户的吸引力，丰富国家文化体系，重视文化产品在社会化媒体场域中的传播，尤其是具有历史底蕴的民族文化产品的社会化媒体传播，避免境外文化产品的大量传播对我国文化产品生存空间的挤压。第三，积极利用社会化媒体的评论功能。境外媒体新浪微博账户不仅重视微博事件

① 张开：《新媒体时代国际舆论引导与国家安全》，《南京社会科学》2015年第11期。

的议程设置，也十分善于利用微博评论功能与中国用户展开观点互动，试图全方位地影响中国用户的价值观念和意识形态。社会化媒体的评论功能缩短了传统媒体与用户沟通的时滞，提升了传受双方的互动频率和效率。与境外媒体相比，我国主流媒体的新浪微博账户重视事件的议程设置，但缺少与用户在评论层面的互动。评论层面的互动既体现出传受双方观点的碰撞，又能使微博生产者在传播环节中不断调整传播策略，提升对用户的说服效果，从而实现对用户的文化影响。

境外媒体在发布涉华信息时的态度倾向性不可避免的会与其国家的对华政策保持一致，尽可能维护本国的国家利益。境外媒体在服务于其国家利益的前提下，通过社会化媒体在新闻事件的议程设置中传播具有导向性的观点，也存在消解我国国家文化的风险。境外文化信息的传播对我国用户价值判断、文化价值观、语言文字和生活方式等层面产生的影响体现着境外媒体社会化媒体账户对我国国家文化安全的影响。面对当下我国社会化媒体用户多元化的客观现实，一方面我们充分运用社会化媒体的信息传播优势，积极调整本国的舆论组织和引导策略，对社会发展中存在的问题不应采取回避的态度，而应积极运用社会化媒体做到上情下达，去塞求通，消除用户在碎片化信息消费中的信息误读，以迅速准确的微博发布应对境外媒体新浪微博账户的文化信息竞争，尽可能地压缩境外媒体新浪微博账户微博生产时可断章取义的话语空间，把握住我国的本土话语权。另一方面，我国应提升本国文化产品的创新生产能力，拓宽本国用户消费本国文化产品、了解本国生活方式和民风民俗的媒介渠道。在与他国商业化的文化娱乐产品展开良性竞争的同时，提升本国文化产品的核心竞争力，尤其是影视剧、动漫、流行音乐、网络自制剧和电子游戏等方面的创新性，保持我国国家文化的民族特色。

（二）重视中国用户信息消费与境外媒体信息生产的关系

文化是国家发展的生命之源，用户的信息消费行为既受到国家文化的制约，又可以能动地促进国家文化的发展。用户的评论、转发和分享等消费行为直接参与着国家文化的建构和解构。在互动性更强的社会化媒体场域中，社会化媒体信息生产和消费的速率更快，各种信息都具有潜在市场和商业价值。移动互联网技术的快速发展使社会化媒体的使用更加日常化，微博搜索作为用户个体检索和消费的重要途径，也使微博成为用户消费文化信息的主流社会化媒体。《2015 微博搜索白皮书》的研究显示，每日用户主动搜索量于 2015 年 11 月底突破 2 亿，其中 18—29 岁用户占微博搜索的绝大多数，18 岁以上的用户占微博搜索总人数的 69%，移动客户端用户占比是电脑端用户的 6 倍。在微博搜索的内容中，新闻资讯、名人明星和影视综艺分别占到了 18%、16% 和 9%。[①]

社会化媒体用户信息消费是自主性较强的社会行为，境外媒体新浪微博账户为中国社会化媒体用户的信息检索提供了更丰富的境外文化资源。尽管各大境外媒体微博年发布数量的发展趋势各有不同，但粉丝人数仍保持连年上升的发展趋势。在本研究中，美国、英国和日本三个国家的各大境外媒体新浪微博账户发布最为频繁的内容是新闻信息，韩国媒体新浪微博账户内容发布的重点集中在韩国明星和影视综艺节目。这些内容涵盖了中国社会化媒体用户主动检索信息的全部热点，也是境外媒体新浪微博账户保持微博账户发展活力的源动力。社会化媒体用户的信息消费情况是他们生活方式和价值观念的文化表征。境外媒体新浪微博账户中包含着大量的西方消费价值观，在文本信息和影像信息中传播着消费主义的意识形态，尝试着在娱乐内容生产中融入消费符号，诱导中国用户改变传统的生活方式，消费异质文化背景中的文化产品。整体看来，境外媒体新浪微博账户潜移默化地传播异质文化的优雅生活方式，构建他国生活方式的美好想象，引起中国用户对他国生活方式的向往，从而改变中国用户的价值观念和审美方式，最终实现异质文化对我国国家文化的影响。

中国用户在接触境外媒体发布的新浪微博时，其生活方式和价值观念逐渐趋于西方化或日韩化。消费行为是文化价值观念在经济层面的体现。用户对异质文化信息的追逐和消费既是个人信息消费权利的体现，也是个人获得精神层面满足的文化方式。境外媒体新浪微博账户，用文字和影像的双重手

①《2015 微博搜索白皮书》, http://www.askci.com/news/chanye/2015/12/14/17542547fk.shtml。

段来展现异质文化产品的独特魅力，消解了我国国家文化中的主流价值观和生活方式。在本研究中，新闻类境外媒体在涉华事件的微博生产中通过选取报道视角、模糊数据、截取事件和断章取义等做法，报道我国经济文化、政治文化和和社会文化等层面的负面信息，诱发中国用户对本国政策和方针的误读。与涉华微博叙事特点相悖的是，境外媒体在报道美国、日本和欧洲等发达国家的经济、政治和文化时，采用正面报道的视角生产微博，使中国用户在消费这类信息时会不由自主的将本国的发展现实与他国进行比较，产生向往发达国家生活方式和政策制度的想法。用户微博评论能体现出境外媒体新浪微博账户对我国用户观念层面的影响。在境外媒体新浪微博账户生产的文化娱乐信息中，影像内容的影响力远远超过文字内容对中国用户的影响。碎片化信息消费模式能在最短时间内吸引用户关注的是富有视觉冲击力的图片或视频截图，影像内容的即视感更能满足用户虚拟信息的消费诉求。在多种媒介形态的共同作用下，欧美和日韩文化对我国年轻用户的影响程度与日俱增，“欧美风”“英伦风”“韩流”和“日范儿”等代表着境外生活方式的流行词汇在社会化媒体中屡见不鲜。“名人明星和影视综艺”这类文化娱乐类信息是18—35岁的年轻用户检索的主要内容。名人明星的穿着打扮更是中国用户关注和模仿的对象。用户能够迅速捕捉到异质文化影像中的商品信息，移植他国生活方式，模仿异质文化的语言风格、生活方式和审美特征。

在全球化语境下，多种生活方式、意识形态和价值观念的传播与融合是时代发展的趋势。社会化媒体是境外消费主义在中国传播的新媒介，社会化媒体用户信息消费的自主性使境外媒体能够对中国用户产生直接影响。用户在面对海量信息时，兴趣爱好决定了其微博内容的选择、接触和消费情况。微博账户内容的特色和质量是吸引用户信息消费的关键，然而隐藏在境外媒体新浪微博内容中的消费主义思想和商业性符号在去政治化、去中心化和去意识形态化的同时降低了社会化媒体用户对主流价值观的认同，沉浸在物质消费的虚幻享受中，盲目地依靠追求他国生活方式来提升个人生活品质。境外媒体新浪微博账户根据中国用户的异质文化消费倾向为他们提供一手的境外文化信息，在推销本国的新闻资讯、名人明星和影视综艺等文化产品的同时，不断强化中国用户的异质文化消费观念，使中国用户在满足个人精神和物质层面的需求时，形成新的生活方式和文化消费品位，改变我国用户的生活方式和价值观念。

（三）把握媒介融合与国家文化安全的关系

广播、电视、报纸、影视剧和杂志等传统媒体是传统媒体时代国家文化全球传播的主要载体，在以点对面的传播模式中，单向线性的传播模式使文化全球传播的效果难以估量。长久以来，文化折扣是世界诸国在国家文化海外输出中面临的现实问题。经济全球化推进了跨国传媒集团海外兼并的发展速度，不同媒介形态之间的媒介融合已成为全球媒介市场发展的主流趋势。安德鲁·纳其森（Andrew Nachison）认为融合媒介是指："印刷的、音频的、视频的、互动性数字媒体组织之间的战略的、操作的、文化的联盟。"[①] 媒介融合不仅仅是媒体形态间的融合，更是媒体内容深层次的资源整合。社会化媒体作为碎片化阅读媒介，不同用户的信息生产会导致信息专业化程度的割裂。境外媒体新浪微博账户在传统媒体的内容框架下，以新的信息编码方式向用户推销传统媒体生产的文化信息，适合时下用户的信息消费习惯，为境外文化的全球传播找到了新的突破口。在跨国媒体集团、传播媒介、传播组织和传播个人等多重因素的共同作用下，国家文化的稳定性面临着更大的挑战，尤其是社会化媒体的出现和应用打破了国家文化传播的藩篱，为境外文化在他国本土社会的传播提供了便利条件，文化传播的疆域延伸到虚拟空间。

在我国，社会化媒体在提供短小信息的同时，也正以各种形态影响着社会文化形态，重塑着社会个体的生活空间，从传播的工具理性向功能理性转换，其传播媒介的特性愈发明显。在社会化媒体构建的信息双向互动传播模式中，用户在主动检索信息时被赋予了表达自我观点的信息权利。在传统媒体时代，国家文化的传播以政府、媒体和社会组织等为主要驱动力，普通受众以信息接受者的社会身份而存在，信息选择面较窄。受众信息选择权利的

① 蔡雯：《新闻传播的变化融合了什么》，《中国记者》2005年第9期。

匮乏使其往往被动地接受各种文化的洗礼，盲目追求异质文化产品消费带来的精神快感。社会化媒体的使用使受众身份向用户身份的转移，体现了用户阅读和获取信息方式的转变。境内外用户的共同参与使我国的社会化媒体朝着虚拟文化观点市场的方向发展，在境外媒体与用户的互动中，用户自我观点的表达有助于境外媒体随时调整对中国用户的传播策略。

研究样本中的八大境外媒体，除日本的《读卖新闻》没有中文网站外，其余七大媒体分别开设了中文网站或向中国用户提供中文信息服务，便于用户检索和阅读境外观点。八大境外媒体新浪微博账户极少采用其他信源信息，形成了传统媒体——中文网——社会化媒体三者融合的信息传播链。媒介融合的文化传播策略使境外媒体的信息、观点和态度更易在中国社会传播，使跨文化传播的效果最大化，避免了信息传播中的信息损耗，尽可能降低异质文化在向中国用户群体传播时产生的文化折扣。社会化媒体人际双向互动的传播特点拉近了与中国用户的心理距离，营造出平等交流的拟态人际传播模式，避免信息在多次传播中出现文化断层。可以说，境外媒体通过传统媒体与社会化媒体的媒介融合使境外媒体信息更易在中国落地，为境外观点的传播开拓了新市场。境外媒体的媒介融合传播策略不仅是媒介传播形态的融合，在内容生产层面也实现了多种媒介之间的资源共享。传统媒体为社会化媒体的信息生产提供了内容支撑，降低了社会化媒体生产新信息产生的经济成本。从境外媒体新浪微博账户发布的内容来看，境外媒体在传统媒体生产的海量信息中精挑细选出适合微博传播的内容，并充分使用微博网页链接、插入图片和视频的功能，使其新浪微博账户能够同时传播文字和影音信息，既对中国用户传递了信息和观点，又实现了视频影音资源的互联网分享，尤其是境外媒体涉华事件的报道贴近中国用户的生活需要，提升了境外媒体国际信息传播的中国本土化能力。此外，境外媒体在传统媒体时代积累的媒体公信力使其社会化媒体账户能够迅速成为虚拟空间中的文化品牌，吸引用户的关注，对大众文化、生活方式、语言习惯、价值观念和行为模式等各方面产生直接影响。

境外媒体的媒介融合直接嵌入中国本土的话语空间，用境外的观点来讲述中国故事，使中国的社会化媒体不再是中国社会内部的话语场，而是更具全球视野的观点平台。总体而言，社会化媒体在承袭了传统媒体信息传播优势的基础上，弥补了传统媒体在文化传播全球化中的短板，社会化媒体的自主性为境外媒体信息在中国市场的落地提供了便利，多种文化背景用户的社会化媒体使用行为正在使社会化媒体成为改变国家文化的一种媒介方式。随着传统媒体受众的社会化媒体使用的依赖性加深，社会化媒体平台与传统媒体媒介资源的融合策略成为当下境外媒体对中国用户传播异质文化的重要战略，也使境外媒体冲破我国信息宏观管控限制，使境外信息在我国落地。

结　语

社会化媒体是全球化时代一国向他国传播文化观念、意识形态和价值体系的重要载体。在传统媒体时代，西方发达国家通过大量的文化产品输出来实现对我国的文化渗透，直接影响着我国受众的语言习惯、生活方式、价值观念和思维模式。受国家和政府层面信息政策的影响，境外媒体信息的中国本土化难度较大，异质文化的观点信息难以直接对我国受众产生影响，社会化媒体的出现为境外媒体信息在中国大陆的落地带来可能。以美国为首的世界文化产业强国早已关注到社会化媒体在国家文化软实力中的战略地位，并积极推动传统媒体与社会化媒体的融合发展，构建符合国家利益的文化传播战略。

境外媒体的社会化媒体使用行为推动了异质文化在中国社会的传播，使我国的国家文化安全在全球化语境下更加复杂。国家文化安全是民族国家在全球文化交往中能够使国家文化处于不受外来文化威胁的安全状态。当下，境外媒体积极使用我国本土社会化媒体传播文化信息的现状对我国国家文化安全产生了无法忽略的影响。社会化媒体用户的多样性使我国社会化媒体成为多元文化交锋与融合的新场域。境外媒体新浪微博账户使我国社会化媒体呈现出百家争鸣的文化景观，也开拓了中国用户接触国际信息的渠道。目前，我国正处于国家崛起的关键时期，社会转型过程中的各种问题难免会成为境外媒体微博发布的热点和焦点，境外社会化媒体信息生产形成的具有倾向性的异质文化图景对我国社会化媒体用户的价值观念、价值判断、生活方式、语言习惯和意识形态等都产生着不同程度的影响。从用户评论来看，经过境外媒体建构后的文本容易引起用户对官方信息的误读或是诱发用户对我国发展过程中的问题作出负面评论，从而引发网络民粹主义的爆发，进而影响到我国的国家文化安全，甚至威胁我国的国家安全。

作为传承国家文化的载体，社会化媒体也是文化再生产的源泉，影响着本国民众或他国民众对一国国家文化的认知与理解。任何的国家文化均是在一定疆域内，经过多种文化元素长时间发展变迁而成的文化集体。历时越长的文化在传播过程中不断地提升着文化活力，发挥着更大的文化潜能。面对境外媒体社会化媒体使用对我国国家文化安全带来的挑战与影响，我们需要保持国家文化特质，培养民众对国家主流意识形态的认同，形成良好的国家文化发展环境，构建国家文化的共同体。从中国用户的视角看，文化自信是一国民众在心理层面对本国文化的接受与认同，在海量信息中能够体现出对本国文化优势的正确认知。在媒介形态丰富异常的今天，用户信息消费的渴望使其会搜索社会化媒体中的信息。在消费境外媒体社会化媒体账户生产的信息时，用户应提升自身本国文化的正确认识，在文化自觉的基础上充分发挥文化自信，在文化自信的基础上进一步提升文化自觉，树立正确的国家文化认知体系，使国家文化观念不受外来文化的威胁或颠覆。从我国传统媒体的视角看，应重视传统媒体内容与社会化媒体传播方式的整合，树立媒介融合的传播理念。既要重视宏观政策的解读，也要重视对社会事件的跟踪报道，尽可能降低信息生产的碎片化程度，把握住我国社会化媒体中的本土话语权，为我国的社会发展塑造良好的舆论环境。此外，还应重视社会化媒体的互动性，利用评论功能实时了解用户的信息诉求和阅读疑问，为用户提供全面有效的各种信息，促进用户文化自信和文化自觉的形成。从文化产业的视角看，我国应重视文化产品的生产和创新，生产能够表达本国文化特性并满足国内民众精神消费诉求的文化产品，一方面能够满足本国市场的文化消费需求，另一方面也能相对削弱外来文化产品对本国受众可能产生的影响，从而提升我国的国家软实力以应对全球化时代异质文化对我国产生的文化影响。

参考文献

[1]《马克思恩格斯全集》(第42卷),人民出版社1979年版。

[2]张德寅编选《叙述学研究》,中国社会科学出版社1989年版。

[3]王逸舟:《当代国际政治析论》,上海人民出版社1995年版。

[4]汪晖、陈燕谷主编《文化与公共性》,生活·读书·新知三联书店1998年版。

[5]王宁、薛晓源主编《全球化与后殖民批评》,中央编译出版社1998年版。

[6]乔良、王湘穗:《超限战》,解放军文艺出版社1999年版。

[7]胡文仲:《跨文化交际学概论》,外语教学与研究出版社1999年版。

[8]郭庆光:《传播学教程》,中国传媒大学出版社1999年版。

[9]杨信礼:《发展哲学引论》,陕西人民出版社2001年版。

[10]江泽民:《全面建设小康社会开创中国特色社会主义事业新局面——在中国共产党第十六次全国代表大会上的报告》,人民出版社2002年版。

[11]吴江霖等:《社会心理学》,广东高等教育出版社2004年版。

[12]陈卫星:《传播的观念》,人民出版社2004年版。

[13]刘静波:《21世纪初中国国家安全战略》,时事出版社2006年版。

[14] 潘一禾:《文化安全》,浙江大学出版社 2007 年版。
[15] 汪民安主编《文化研究关键词》,江苏人民出版社 2007 年版。
[16] 徐贲:《通往尊严的公共生活:全球正义和公民认同》,新星出版社 2009 年版。
[17] 郑振铎:《中国俗文学史》,中国社会科学出版社 2009 年版。
[18] 尹韵公主编《中国新媒体发展报告(2011)》,社会科学文献出版社 2011 年版。
[19] 王沪宁:《转变中的中国政治文化结构》,《复旦大学学报》(社会科学版)1988 年第 3 期。
[20] 〔意〕康帕涅拉著,梁光严译:《全球化:过程和解释》,《国外社会科学》1992 年第 7 期。
[21] 徐大同:《政治文化民族性的几点思考》,《天津师范大学学报》1998 年第 4 期。
[22] 〔美〕阿里夫·德里克著,王春梅、王怡福译:《全球主义与地域政治》,《马克思主义与现实》1998 年第 5 期。
[23] 沈湘平:《全球化的意识形态陷阱》,《现代哲学》1999 年第 2 期。
[24] 范士明:《CNN 现象与美国外交》,《美国研究》1999 年第 2 期。
[25] 冉飞:《全球化对国家安全观的影响》,《贵州教育学院学报》(社会科学版)1999 年第 1 期。
[26] 胡联合、胡铭:《经济全球化与国家安全简论》,《华中理工大学学报》(社会科学版)1999 年第 2 期。
[27] 林宏宇:《文化安全:国家安全的深层主题》,《国家安全通讯》1999 年第 8 期。
[28] 朱传荣:《试论面向 21 世纪的中国文化安全战略》,《江南社会学院学报》1999 年第 1 期。
[29] 张世鹏:《什么是全球化?》,《欧洲》2000 年第 1 期。
[30] 胡惠林:《文化产业发展与国家文化安全——全球化背景下中国文化产业问题思考》,《上海社会科学院学术季刊》2000 年第 2 期。

[31]〔法〕阿芒·马特拉著,陈卫星译:《传播全球化思想的由来》,《国际新闻界》2000年第4期。

[32] 蓝劲松、咏鹏:《BBS的使用对大学生心理的影响:一个网上调查》,《当代青年研究》2000年第4期。

[33] 程曼丽:《信息全球化时代的国际传播》,《国际新闻界》2000年第4期。

[34] 夏建中:《当代流行文化研究:概念、历史与理论》,《中国社会科学》2000年第5期。

[35] 陈安国:《论"全球化"意识形态的陷阱》,《社会科学》2000第10期。

[36] 杨瑞明:《传播全球化——西方资本大规模的跨国运动》,《国际新闻界》2001年第2期。

[37] 周康:《制造谣言者戒——"郑州温某等利用BBS散布有害信息破坏生产经营案"解析》,《信息网络安全》2001年第2期。

[38] 李希光、秦轩:《谁在设置中国今天的议程——电子论坛在重大新闻事件中对党报议题的重构》,《新闻与传播研究》2001年第3期。

[39] 刘靖华:《全球化背景下的民族主义问题初探》,《现代国际关系》2001年第8期。

[40]〔法〕马里奥·瓦尔戈斯·略萨著,于海青编译,许宝友校:《全球化、民族主义与文化认同》,《当代世界与社会主义》2002年第4期。

[41] 于炳贵、郝良华:《全球化进程中的国家文化安全问题》,《哲学研究》2002年第7期。

[42] 胡泳:《媒体变革:公众的角度》,《读书》2002年第12期。

[43] 颜纯钧:《博客和个人媒体时代》,《福建论坛》(人文社会科学版)2003年第3期。

[44] 周葆华:《激辩在网络——从美伊之争事件看BBS对中国国际报

道和国际时政讨论的拓展》,《新闻大学》2003 年第 4 期。
[45] 麦尚文、丁玲华、张印平:《博客日志:一种新的网络传播方式——从传播学角度看 blog 的勃兴》,《新闻界》2003 年第 6 期。
[46] 沈阳:《博客文化:网络文化的新美学形态》,《中国电子与网络出版》2003 年第 8 期。
[47] 赵刚:《全球化时代的“软权力”与文化安全策略》,《国际论坛》2004 年第 3 期。
[48] 石中英:《论国家文化安全》,《北京师范大学学报》(社会科学版)2004 年第 3 期。
[49] 韩源:《全球化背景下维护我国文化安全的战略思考》,《毛泽东邓小平理论研究》2004 年第 4 期。
[50] 宋豫、唐晖、胡献红:《“西北事件”期间中国人民网〈中日论坛〉和日本雅虎〈日中关系〉BBS 论坛的内容比较研究》,《新闻与传播研究》2004 年第 4 期。
[51] 马振超:《维护文化安全:国家安全面临的现实性课题》,《中国人民公安大学学报》2004 年第 6 期。
[52] 赵月枝、罗伯特·A. 汉凯特、朱怡岚等:《媒体全球化与民主化:悖论、矛盾与问题》,《新闻与传播评论》2004 年第 10 期。
[53] 沈洪波:《文化全球化与中国国家文化安全》,《山东大学学报》(哲学社会科学版)2004 年第 12 期。
[54] 李金齐:《全球化进程中我国文化安全的现状与对策》,《天府新论》2005 年第 1 期。
[55] 陈红梅:《网络 BBS 里的“宝马撞人案”》,《新闻与传播研究》2005 年第 2 期。
[56] 欧阳翠凤:《信息全球化过程中的文化冲突与协调》,《江西社会科学》2005 年第 9 期
[57] 蔡雯:《新闻传播的变化融合了什么》,《中国记者》2005 年第 9 期。
[58] 朱步冲、尚进、陈赛:《从 WAP 到 P2P: 两场新时代电影节》,《三

联生活周刊》2005年第10期。
[59] 汪寅、黄翠瑶:《“博客”文化现象探析》,《云南社会科学》2006年第3期。
[60] 张秋瑰:《博客力量与中国现状——从中美博客热点差异看中国博客的现实发展》,《2006中国传播学论坛论文集(Ⅱ)》。
[61] 邓建国:《从在华外国人的博客看国际传播的新途径》,《2006中国传播学论坛论文集(Ⅰ)》。
[62] 李阵、柏桦:《信息全球化对文化安全的挑战与我国的战略应变》,《未来与发展》2007年第2期。
[63] 曾凡斌:《BBS的信息传播与政治民主》,《暨南大学学报》(哲学社会科学版)2007第3期。
[64] 刘建伟、李为宇、孙钰:《社交网络安全问题及其解决方案》,《中国科学技术大学学报》2007年第7期。
[65] 沙飞:《经济全球化与中国的文化安全》,《特区经济》2007年第11期。
[66] 柳华芳:《重新规划互联网价值——社会化媒体的中国行》,《互联网天地》2008年第3期。
[67] 彭兰:《新技术条件下的网络行为变化趋势》,《中国记者》2008年第8期。
[68] 孙卫华、张庆永:《微博客传播形态解析》,《传媒观察》2008年第10期。
[69] 杜道明:《语言与文化关系新论》,《中国文化研究》2008年冬之卷。
[70] 任孟山、朱振明:《试论伊朗“Twitter革命”中社会媒体的政治传播功能》,《国际新闻界》2009年第9期。
[71] 刘丽清:《微博虽“微”足值道尔——微博特性之浅析》,《东南传播》2009年第11期。
[72] 孙楠楠:《对社会化媒体的传播学思考》,《新闻爱好者》2009年第17期。

[73] 杨晓茹:《传播学视域中的微博研究》,《当代传播》2010年第2期。
[74] 刘兴亮:《微博的传播机制及未来发展思考》,《新闻与写作》2010年第3期。
[75] 喻国明:《微博价值:核心功能、延伸功能与附加功能》,《新闻与写作》2010年第3期。
[76] 段钢:《微博时代:报纸“变”与“不变”》,《中国记者》2010年第4期。
[77] 赵蒙旸:《“推”出的公民社会——微博在大陆的发展探究》,《东南传播》2010年第4期。
[78] 文建:《以柔克刚:国外传媒机构规范使用社会化媒体的经验》,《中国报业》2010年第10期。
[79] 李林容、黎薇:《微博的文化特性及传播价值》,《当代传播》2011年第1期。
[80] 刘春雁:《大学生微博使用状况的调查与思考》,《思想理论教育》2011年2月上。
[81] 张志安、贾佳:《中国政务微博研究报告》,《新闻记者》2011年第6期。
[82] 马寿帅:《微博语境下突发事件中的谣言传播分析》,《新闻知识》2011年第9期。
[83] 张磊:《伦敦暴乱:社交媒体之罪?》,《青年记者》2011年9月上。
[84] 胡泳:《新媒体时代的公共外交》,《现代传播》2011年第9期。
[85] 崔雪敬:《我国政务微博的现状、问题和对策》,《党政干部学刊》2011年第11期。
[86] 靳文涛、许程程:《国际突发事件报道的新模式——凤凰卫视如何利用微博报道日本地震》,《新闻爱好者》2011年第23期。
[87] 殷乐:《全球社交网络新态势及文化影响》,《新闻与写作》2012年第1期。
[88] 杨剑:《开拓数字边疆:美国网络帝国主义的形成》,《国际观察》

2012 年第 2 期。
[89] 张曼缔:《多重视角下的微博功能研究》,《传媒》2012 年第 3 期。
[90] 王佳航:《奥运报道的新大众时代——对社交媒体繁荣背景下媒介竞争格局的观察与思考》,《新闻与写作》2012 年第 9 期。
[91] 黄璜:《社交网络媒体文化价值分析》,《现代传播》2012 年第 11 期。
[92] 常江:《社交媒体环境下的传媒、意见领袖和大众——以“鲁若晴事件”为例》,《新闻界》2012 年第 12 期。
[93] 彭兰:《社会化媒体、移动终端、大数据:影响新闻生产的新技术因素》,《新闻界》2012 年第 16 期。
[94] 梁士弘、祝利、陆余良:《微博视域下的国家安全》,《国防科技》2013 年第 1 期。
[95] 刘振声:《社交媒体依赖与媒介需求研究——以大学生微博依赖为例》,《新闻大学》2013 年第 1 期。
[96] 信莉丽:《社会化媒体中的弱势群体:自我表达与赋权》,《东南传播》2014 年第 4 期。
[97] 韦路、赵璐:《社交媒体时代的知识生产沟——微博使用、知识生产和公共参与》,《兰州大学学报》(社会科学版)2014 年第 4 期。
[98] 相德宝、张人文:《借助社交媒体提升中国媒体的国际影响力》,《对外传播》2014 年第 6 期。
[99] 徐传达:《从社会心理学视角谈社交媒体依赖》,《新闻传播》2014 年第 8 期。
[100] 信莉丽、庄严:《美联社微博新闻本土化研究》,《出版广角》2014 年 10 月合刊。
[101] 杨瑞明:《空间与关系的转换:在多维话语中理解“传播全球化”》,《新闻与传播研究》2014 年第 12 期。
[102] 李娟:《政治文化视野下的网络社交媒体功能》,《苏州大学学报》(哲学社会科学版)2015 年第 2 期。
[103] 缪晓娟、左为:《如何利用境外社交媒体更有成效——以新华社

在 Twitter 上的探索为例》,《对外传播》2015 年第 3 期。

[104] 张开:《新媒体时代国际舆论引导与国家安全》,《南京社会科学》2015 年第 11 期。

[105] 魏玓:《全球化脉络下的阅听人研究——理论的检视与批判》,《新闻学研究》(台湾)第 60 期。

[106] 霍文琦:《微博:宣传思想文化的新阵地——访中国人民解放军国防大学李殿仁中将》,《中国社会科学报》2013 年 6 月 7 日。

[107] 〔美〕罗伯特·塞缪尔逊:《全球化的利弊》,《国际先驱论坛报》2000 年 1 月 4 日。

[108] 〔美〕曼纽尔·卡斯特:《我们究竟怎样理解全球化——美国著名社会学家曼纽尔·卡斯特教授在文汇报与上海学者的座谈》,《文汇报》2004 年 11 月 29 日。

[109] 〔瑞士〕费尔迪南·德·索绪尔:《普通语言学教程》,高名凯译,商务印书馆 1980 年版。

[110] 〔爱尔兰〕肖恩·麦克布赖德:《多种声音,一个世界》,中国对外翻译出版社 1981 年版。

[111] 〔美〕丹尼尔·贝尔:《资本主义文化矛盾》,赵一凡等译,生活·读书·新知三联书店 1989 年版。

[112] 〔美〕阿尔温·托夫勒:《权力的转移》,刘江等译,中共中央党校出版社 1991 年版。

[113] 〔英〕安东尼·吉登斯:《现代性与自我认同》,赵旭东等译,生活·读书·新知三联书店 1998 年版。

[114] 〔美〕佛兰西斯·福山:《历史的终结及最后的人》,黄胜强、许铭原译,东方出版社 1998 年版。

[115] 〔英〕汤林森:《文化帝国主义》,冯建三译,上海人民出版社 1999 年版。

[116] 〔美〕罗兰·罗伯森:《全球化——社会理论和全球文化》,梁光严译,上海人民出版社 2000 年版。

[117]〔加〕麦克卢汉:《理解媒介——论人的延伸》,何道宽译,商务印书馆 2000 年版。

[118]〔美〕塞缪尔·亨廷顿:《文明的冲突与世界秩序的重建》,周琪等译,新华出版社 2000 年版。

[119]〔美〕曼纽尔·卡斯特:《信息时代三部曲:经济、社会与文化——网络社会的崛起》,夏铸九、王志弘等译,社会科学文献出版社 2001 年版。

[120]〔美〕罗伯特·基欧汉、〔美〕约瑟夫·奈:《权力与相互依赖》,门洪华译,北京大学出版社 2002 年版。

[121]〔美〕爱德华·萨义德:《文化与帝国主义》,李琨译,生活·读书·新知三联书店 2003 年版。

[122]〔美〕尼尔·波茨曼:《娱乐至死》,章艳译,广西师范大学出版社 2004 年版。

[123]〔美〕塞缪尔·亨廷顿、〔美〕彼得·伯杰:《全球化的文化动力:当今世界的文化多样性》,康敬贻等译,新华出版社 2004 年版。

[124]〔美〕希伦· A. 洛厄里、〔美〕梅尔文·L. 德弗勒:《大众传播效果研究的里程碑》,刘海龙等译,中国人民大学出版社 2004 年版。

[125]〔德〕乌尔里希·贝克:《风险社会》,何博闻译,译林出版社 2004 年版。

[126]〔法〕古斯塔夫·勒庞:《乌合之众——大众心理研究》,冯克利译,广西师大出版社 2007 年版。

[127]〔美〕伊丽莎白·扬–布鲁尔:《阿伦特为什么重要》,刘北成、刘小鸥译,译林出版社 2008 年版。

[128]〔英〕安东尼·吉登斯:《社会学》(第 5 版),李康译,北京大学出版社 2009 年版。

[129]乔治·J. E. 格雷西亚:《文本型理论:逻辑与认识论》,汪常砚、李志译,人民出版社 2009 年版。

[130]〔美〕保罗·F. 拉扎斯菲尔德、〔美〕伯纳德·贝雷尔森、〔美〕黑兹尔·高德特 :《人民的选择——如何在总统选战中做决定》, 唐茜译 , 中国人民大学出版社 2012 年版。

[131] Zbigniew Brzezinski, *Between Two Ages——America's Role in the Technetronic Era*, (New York : The Viking Press, 1970).

[132] Herbert I. Schiller, *Who Knows?: Information in the Age of the Fortune 500*, (Norwood, NJ: Ablex, 1981).

[133] R.Williams, *Keywords A vocabulary of culture and society* (Revised edition), (London: Fontana, 1983).

[134] Anthony G. McGrew and Paul G. Lewis, *Global Politics: Globalization and the Nation-state*, (Cambridge: polity press, 1992).

[135] Mohammadi, Ali, International Communication and Globalization: A Critical Introduction, in Tomlinson, John, *Cultural globalization and cultural imperialism* (London: Sage, 1997).

[136] Fredric Jameson, "Globalization and Political strategy," *New Left Review* (2000).

[137] Gillmor, Dan, "Here Comes 'we media', "*Columbia Journalism Review*, No.6(2003).

[138] Thurlow, C. , Lengel, L. and Tomic, A., *Computer mediated communication: Social interaction and the internet*, (London: Sage, 2004).

[139] McQuail, Denis, *Mcquail's Mass Communication Theory*, (London: Sage Publications, 2005).

[140] Steve Rosenbush, "News Corp 's Place in MySpace, "*Bloomberg BusinessWeek*, July 19, 2005.

[141] Java. A, Finin T and Song X, et al, "Why we Twitter: understanding microblogging usage and communities," Joint WEBKDD and 1st SNA-KDD workshop'07, August 12-15, 2007.

[142] Boyd, D.M, and Ellison N. B, "Social network Sites: Difinition,

History, and Scholarship," *Journal of Computer- Mediated Communication*13, No.1(2007).

[143] Antony Mayfield, *What is Social Media*, 2007, http: //www.icrossing.co.uk/icrossinguk–search?query=what+is+social+media.

[144] Thurman, N. J, "Forums for citizen journalists? Adoption of user generated content initiatives by online news media, "*New Media & Society10*, No.1(2008).

[145] Brandtzaeg, P. B and Heim J, "Why people use social networking sites," in A. A Ozok and P.Zaphiris, ed. Online Communities(Springer–Verlag: Berlin Heidelberg, 2009).

[146] William Merrin, "Media Studies 2.0: Upgrading and Open–Sourcing the Discipline," *Interactions: Studies in Communication and Culture* 1, (Jan.2009).

[147] Joke Hermes, "Audience Studies 2.0: On the Theory, Politics, Method of Qualitative Audience Research, "*Interactions: Studies in Communication and Culture* 1(Jan.2009).

[148] Dahlgren P, *Media and Political Engagement: Citizens, Communication, and Democracy*, (New York: Cambridge University Press, 2009).

[149] Kaplan, A.M. and Haenlein, M, "Users of the world, unite! The challenges and opportunities of Social Media," *Business Horizons*53, No.1(2010).

[150] Kushin, M. J, and Yamamoto, M, "Did social media really matter? College students' use of online media and political decision making in the 2008 election," *Mass Communication & Society13*(2010).

[151] H. Kietzmann, Jan and Kristopher Hermkens, "Social media? Get serious! Understanding the functional building blocks of social media," *Business Horizons*54, (2011).

[152] Magro, M. J, "A review of social media use in e-government," *Administrative Sciences*2, (2012).

[153] Bernard Enjolras, Kari Steen-Johnsen, and Dag Wollebæk, "Social media and mobilization to offline demonstrations: Transcending participatory divides?" *New Media & Society15*, No.6(2012).

[154] Smith A, Schlozman KL, Verba S, et al, "The Internet and civic engagement. Pew Internet and American Life Project," accessed Junc6, 2012, http: //www.pewinternet.org/~/media/Files/Reports/2009/The%20Internet%20and%20Civic%20.

[155] Murthy, Dhiraj, "Twitter: Social Communication in the Twitter Age," *Cambridge Polity*, (2013).

[156] Maximillian Hänska Ahy, "Networked Communication and the Arab Spring: Linking Broadcast And Social Media," *New Media & Society1*(2014).

[157] Delia Dumitrica, "Imagining engagement : Youth, social media, and electoral processes," *Convergence: The International Journal of Research into New Media Technologies*(2014).

[158] Dal Yong Jin and Kyong Yoon, "The social mediascape of transnational Korean pop culture: Hallyu 2.0 as spreadable media practice," *new media & society*1(2014).

[159] Gina M Chen, "Why do women bloggers use social media? Recreation and information motivations outweigh engagement motivations," *New Media & Society*17(2015).

[160]《2008 年 Twitter 用户访问量急增 752%》, 2009 年 1 月 10 日 , http: //tech.qq.com/a/20090110/000061.htm。

[161]《英国政府考虑骚乱时关闭社交网站并禁止发送手机短信》, 2011 年 8 月 12 日 , http: //news.xinhuanet.com/world/2011-08/12/c_121851630.htm。

[162] 信息来源 : Dubai School of Government 2012 into-graph design: Al Arablya English。

[163]《土耳其总理猛批社交媒体推特　媒体分析比阿拉伯之春更复杂》, 2013 年 6 月 15 日 , http: //www.guancha.cn/europe/2013_06_05_149321.shtml。

[164]《境外力量积极利用中国微博扩大在华影响》, 2013 年 2 月 22 日 , http: //news.takungpao.com/mainland/2013-02/1453618_2.html。

[165]《法制日报》, 2014 年 4 月 23 日 , http: //theory.people.com.cn/n/2014/0423/c40531-24933356.html。

[166] "Social Media Update 2014", 2015 年 1 月 9 日 , http: //www.pewinternet.org/2015/01/09/social-media-update-2014/。

[167]《第 35 次中国互联网络发展状况统计报告》, 2015 年 2 月 3 日 , http: //www.cac.gov.cn/2015-02/03/c_1114222357.htm。

[168]《澳总理 : IS 暴露全球野心　应防其用社交媒体征兵》, 2015 年 6 月 11 日 , http: //news.xinhuanet.com/world/2015-06/11/c_127905289.htm。

[169]《微博衰落是假象数据显示新浪微博活跃用户增长到 2.1 亿》, 2015 年 8 月 19 日 http: //mt.sohu.com/20150819/n419279809.shtml。

[170]《2015 年 8 月财政收支情况》, 2015 年 9 月 15 日 , http: //gks.mof.gov.cn/zhengfuxinxi/tongjishuju/201509/t20150915_1458377.html。

[171]《李克强 : 韩国泡菜将摆上更多中国人餐桌》, 2015 年 10 月 30 日 , http: //news.qq.com/a/20151030/064135.htm。

[172]《2015 微博搜索白皮书》, 2015 年 12 月 14 日 , http: //www.askci.com/news/chanye/2015/12/14/17542547fk.shtml。

附　录

作者在攻读博士学位期间发表的论文

[1]《社会化媒体中的弱势群体：自我表达与赋权》，《东南传播》2014 年第 4 期。

[2]《大陆媒介建构下的台湾体育形象研究——以〈人民日报〉奥运报道为例 (1984—2012)》，《东南传播》2014 年第 6 期。

[3]《海峡两岸奥林匹克传播比较研究——以〈人民日报〉和〈联合报〉索契冬奥会报道为例》，《2014 中国传播论坛："国际话语体系与国际传播能力建设"研讨会会议论文集》。

[4]《美联社微博新闻本土化研究》，《2014 中国传播论坛："国际话语体系与国际传播能力建设"研讨会会议论文集》。

[5]"Framing Analysis Research about AP's China-Related Reports"，《中国传媒大学、韩国首尔国立大学、澳大利亚莫纳什大学和香港浸会大学四校联合学术研讨会会议论文集》。

[6]《当前中国电视剧发展的问题与思考》，《东南传播》2014 年第 7 期。

[7]《海峡两岸奥林匹克传播比较研究——以〈人民日报〉和〈联合报〉索契冬奥会报道为例》，《文化与传播》2014 年第 4 期。

[8]《美联社微博新闻本土化研究》，《出版广角》2014 年第 10 期。

[9]《当前中国电视剧发展的问题与思考》,《新华文摘》2014年第11期。

[10]《社会化媒体环境下受众应对信息风险的路径——基于媒介素养教育的研究视角》,《现代传播》2015年第3期。

[11]《民族语译制研究的问题与思考》,《现代传播》2015年第4期。

[12]《影视剧在边疆民族地区的传播现状与问题思考》,《对外传播》2015年第8期。

[13]《边疆民族地区影视剧传播的社会意义解读》,《东南传播》2015年第9期。

[14]《从意识形态异化到商业泛化:友好运动会新闻报道的文本分析及话语解读》,《文化与传播》2015年第6期。